지금 행복한 이유는
마음을 키웠기 때문이야

감정을 다스리는 자기 성찰

지금 행복한 이유는 마음을 키웠기 때문이야

강동완, 김수식, 김진령, 박소현, 안말숙, 임은희

정신적인 내면의 힘은 인성과 인품입니다

세상을 살아가자면 힘이 필요합니다. 물리적인 힘도 필요하고 정신적인 힘도 필요합니다. 물리적인 힘은 표면의 힘이요, 이성의 힘이요, 의식의 힘입니다. 정신적인 힘은 내면의 힘이요, 영성의 힘이요, 무의식의 힘입니다. 물리적인 힘은 학력, 금력, 권력으로 나타나는 지식과 경험입니다. 정신적인 힘은 잠재력, 정신력 등으로 나타나는 인성과 인품입니다.

현대사회 특히 우리나라의 현 사회는 물리적 표면의 힘을 키우는 데 모두가 매진하고 있습니다. 그러나 물리적인 힘이 강하면 강할수록 물질적 가치만 추구하게 되어 상호 경쟁, 상호 배척, 분열, 이기주의, 과거 집착, 폭력, 교만 등의 낮은 영성 수준으로 내려가게 됩니다. 모두가 행복하지 않고 우울해집니다.

현재 우리나라의 사회상이 바로 그런 상태에 있다고 할 수 있습니다. 지난 4~50여 년간의 압축 성장 과정에서 우리는 물질적인 가치만 추구하여 왔기에 사회 전반적으로 행복지수가 낮아지게 되었다고 생각합니다.

반면에 정신적 내면의 힘이 강하면 강할수록 정신적 가치를 숭상하게 되어 상호 협력, 상호 포용, 통합, 이타주의, 미래 지향, 평화, 겸손 등의 높은 영성 수준으로 올라가게 됩니다. 조선시대에는 비록 물질적으로는 가난했지만, 정신적으로는 높은 수준의 사회문화를 가지고 있었으며, 행복지수는 높았을 것이라고 생각합니다.

사회 전반적으로 내면의 힘을 키우려면 국가는 국민 모두가 힘을 합쳐 추구해야 할 정신적 가치를 확립하여 강하게 교육해야 합니다. 가정은 부모들이 실천의 모습을 보이며 자녀들을 교육하여야 할 것입니다.

그러나 우리는 아직 국가적인 정신적 가치도 확립하지 못하고, 가정에서도 표면의 힘만 강조하며 자녀들을 무한 경쟁 사회로 내몰고 있는 상황입니다. 사람들은 갖가지 상처의 아픔을 감춘 채 살아가고 있습니다. 행복하지 않은 사람들이 많습니다.

이런 사회적 상황들이 내면의 상처를 치유할 수 있도록 도움을 주는 마음 키우기(Mind UP) 프로그램에 사람들이 관심을 가지는 이유라고 생각합니다. 한국인성연구원의 그런 프로그램에 참여했거나, 프로그램 진행을 담당하신 분들이 자신들의 경험을 토대로 쓴 책이라 하기에 반갑게 읽어보았습니다.

하나하나의 얘기들이 생생하게 느껴지는 마음을 다스리는 일과 관련된 체험담들이더군요. 전문적으로 글을 쓰시는 분들은 아니었지만 가식 없이 쓰인 내용들이기에 느끼는 감정은 더 크지 않았나 생각합니다.

자신을 사랑하는 방법을 잊고 살아가는 현대인의 이야기, 부모와 자식 간에 일어날 수 있는 마음의 문제 이야기, 마음 키우기 프로그램에 관한 이야기 등등, 함께 실려 있는 글들은 남의 이야기들이 아니라 바로 나의 얘기였습니다.

마음의 상처를 치유하려는 상황에서는 물론, 마음의 크기를 키워 더 많은 행복을 만들어가는 데 도움이 되는 내용들이라 생각합니다.

2018년 9월

김천사金天賜 행복시스템 설계가

차례

chapter 2 좋은 인간관계의 비밀은 내 안에 있다 _ 임은희

chapter 3 부모는 자녀의 멘토 _ 김진령

chapter 4 마음이 통하는 행복을 찾아 _ 안말숙

chapter

1

그래도 사랑으로

박소현

내가 인성교육 캠프에서 참가자들과 함께 울고 웃고 어우러지는 시간은 그 답을 찾는 여정이다. 즐겁기도, 힘들기도 했던 여정 속에서 가슴에 아련하게 새겨진 무언가가 있다. 그 '무언가'가 정답인지 자신할 수는 없지만, 정답으로 믿고 싶은 한 가지이기는 하다. 그것을 많은 이들과 더불어 나누고 싶다.

사랑받고 싶어요

인성을 키우는 최선의 방법은 무엇일까? 한국인성연구원의 인성교육 캠프에서 멘토로 일하는 나도 선뜻 대답을 내놓기가 어렵다. 내가 인성교육 캠프에서 참가자들과 함께 울고 웃고 어우러지는 시간은 그 답을 찾는 여정이다. 즐겁기도, 힘들기도 했던 여정 속에서 가슴에 아련하게 새겨진 무언가가 있다. 그 '무언가'가 정답인지 자신할 수는 없지만, 정답으로 믿고 싶은 한 가지이기는 하다. 그것을 많은 이들과 더불어 나누고 싶다.

학생, 학부모 동반 캠프에 참가했던 경호(가명)의 이야기로 글을 열어야겠다. 경호는 맞벌이하는 엄마, 아빠 밑에서 초등학교 시절을 외롭게 보내야 했다. 하루는 호기심에 담배에 손을 댔는데, 담배를 피우니 또래들보다 멋지고 어른스럽게 보인다는 기분이 들었다고 한다. 중학교에 들어가서도 경호는 담배가 주는 우쭐함에 젖어 지냈고, 자연스레 '노는 애들'과 어울리게 되었다. 여학생들도 낀 무리에서 술을 마시는 등 건전하지 못한 교우 관계를 이어갔다. 그러던 어느 날, 다른 학교 여학생이 경호에게 마음이 있었는지 연락처를 얻어냈다. 그 소식이 여학생과 친분 있던 남학생들 귀에 들어갔고, 남학생들 다섯 명이 경호에게 시비를 걸어왔다.

"너 왜 우리 학교 여자애 건드려?"

한꺼번에 폭력을 행사하는 남학생들에게 경호는 맞서 싸웠다. 1 대 5의 싸움에서 경호는 지지 않았다. 다섯 명 모두 병원에 실려 갈 만큼 흠씬 두들겨줬다.

경호의 배짱이나 싸움 실력을 칭찬하려는 게 아니다. 나는 경호를 다섯 명과 붙게 만든 바탕에는 경호의 분노가 있었다고 생각한다. 어마어마한 그 분노는 어디서 비롯되었을까? 오랜 외로움에서일까?

초등학생 때부터 담배에 의지했던 경호. 나는 경호의 그 환경이 너무나도 안타까웠다. 부모가, 학교가, 어른들이 경호를 방치한 탓에 이른바 문제아로, 비행청소년으로 자라게 한 것은 아닌지…….

"경호야, 중학교만 졸업해줘라."

경호 어머니의 이 한마디는 나를 더 아프게 했다. 경호 어머니에 대한 야속함마저 자아냈다. 어떻게든 집안 분위기를 바꾸고 아들의 환경을 개선해서 바른 사람으로 키워보겠다는 의지가 보이지 않아서였다. 중학교만 졸업시키면 부모의 책임을 다했다는 뜻인지, 그 후엔 아들 혼자 알아서 살라는 뜻인지 묻고 싶었다.

경호를 포함해 캠프에 참여한 남학생은 모두 열 명이었다. 열 명에게는 공통점이 존재했는데, 모두 학교폭력으로 문제를 일으킨 학생이라는 점이다. 그런데 이 아이들 대부분은 왕따의 피해자였다. 왕따를 참다 참다 폭발해서 폭행으로 되갚은 것이다. 부모들 대부분은 자신의 자녀가 왕따 당한 사실을 모르고 있다가 폭행에 휘말린 뒤에야 상황을 알게 된 경우가 많았다. 이 부모들의 가슴은 자녀에 대한 미안함과 가해 학생들에 대한 분노로 시커멓게 타들어가고 있었다.

왕따 피해 학생들은 가정환경이 불안한 경우가 많다. 가정은 어떤 아이에게든 든든한 버팀목이다. 이 버팀목이 허술한 아이들은 왕따에 내몰릴 위험이 크다. 부모의 사랑과 관심에 목마른 아이들은 곧잘 우울에 잠기고, 친구들과의 관계에서도 쉽게 다친다. 이런 성향이 왕따를 부추긴다.

반대로 왕따 가해 학생이라고 해서 안온한 가정환경을 누리는 것은 아니다. 이들 역시 부모의 사랑에 결핍을 느끼는 경우가 적지 않다. 이들은 약자를 괴롭히는 데서 그 결핍을 메우고, 강자의 울타리 안에서 안정을 느낀다.

중요한 것은 학교폭력의 가해자든 피해자든 모두 우리의 아이들이라는 사실이다.

의도했든 의도하지 않았든 이처럼 도드라지는 아이들은 하나같이 "사랑받고 싶어요!"라고 아우성치고 있다고 보면 틀림없다. 짧은 시간의 캠프에서 자기 이야기를 들어주고 관심 보여주는 것만으로도 아이들은 한결 나아진다. 어른의 역할이, 사랑이 그만큼 중요하다는 증거다.

사랑이라는 이름 아래

사랑. "가슴에 아련하게 새겨진 무언가", "정답으로 믿고 싶은 한 가지"는 바로 사랑이다. 사랑이 인성을 키운다.

그런데 사랑은 그리 만만치가 않다. 그렇다면 만만하지 않은 사랑을 어떻게 해야 할까?

2016년 겨울 인성교육 캠프에서 만난 박동수(가명) 씨의 사례는 그 해법을 살며시 드러낸다. 박동수 씨는 중학생 아들을 둔 아버지로, 자녀교육에 매우 열심이다. 자신의 아버지에게서 자녀교육에 대한 열정을 물려받은 덕이다. 박동수 씨의 아버지는 고아였다고 한다. 삶의 밑천이라고는 맨몸뿐이었던 아버지는 험한 산의 나무 베기, 산나물 뜯기, 밭일 등 온갖 고된 노동을 하며 박동수 씨를 비롯해 아들 셋을 키워냈다.

"저희 아버지는 당신이 먹을 것, 입을 것을 줄이면서 세 아들 다 대학까지 보냈어요. 저는 그런 아버지가 존경스럽습니다. 감사한 건 말할 것도 없고요."

자신의 아버지처럼, 박동수 씨도 아들 교육에 최선을 다했다. 쪼들리는 살림이지만 아들이 초등학교 다닐 때부터 사교육비로 큰돈을 지출했다. 다행히 아들은 착실하게 아버지의 뜻을 따라주었다. 거의 모든 과목에서 100점을 받아오고, 학교생활에서도 모범을 보였다. 그러나 우등생에 모범생이었던 아들이 중학교에 입학하면서 싹 달라지기 시작했다. 공부에 손을 놓더니, 친구들과 어울려 PC방과 노래방을 전전했다. 아버지의 말에도 툭하면 반기를 들었다. 박동수 씨는 변해버린 아들 때문에 울화병이 생길 지경이었다.

박동수 씨의 아들은 초등학생 때 본인이 소화할 수 있는 양보다 더 많은 양의 공부에 매달렸다. 그렇다면 힘에 부쳐 의식적으로든 무의식적으로든 몇 번의 SOS를 아버지에게 보냈을 게 틀림없다. 아버지가 아들의 구조 신호를 알아차리지 못했는지, 아니면 이겨내기를 바라는 마음에 애써 무시했는지는 알 수 없다. 아무튼 서로 소통했다면, 공감했다면, 아들이 극단적으로 엇나가는 일은 없었을지도 모른다.

박동수 씨에게는 미안한 말이지만, 박동수 씨의 잘못도 크다. 사랑이라는 이름 아래, 버리지 못하는 아버지의 욕심이 자녀를 집 밖으로 내몬 것은 아닌지 진단할 필요가 있다. 사랑이라는 이름으로 부모는 자녀의 입장을 헤아리는 데 더 마음을 내야 한다.

대부분의 아이들은 초등학생 때와는 다르게 사춘기에 접어들면서 본인의 생각을 이야기하고 본인의 의지대로 관철시키려 하는 경향이 있다.

이때 사소한 것에서 한번 틀어지면 부모와의 소통 창구를 꽉 닫아 버리기까지 한다. 그러므로 자녀의 마음을 먼저 살피는 사랑이 절실하다. 자녀는 그 사랑에 힘입어 사춘기라는 높은 고개를 무사히 넘어갈 수 있을 것이다.

어렵지만 불가능하지는 않다

다음은 재소자 인성교육에서 겪은 일을 소개하고자 한다. 사랑의 기술과 방법에 대해 잔잔히 음미해볼 수 있는 사례들이다.

"먼저 내 마음속에 긍정적으로 각인된 사람의 얼굴을 그려보세요. 그다음엔 부정적으로 각인된 사람의 얼굴을 그리는 겁니다."

나의 주문에 열여섯 명 재소자들의 반응은 크게 두 가지로 엇갈렸다. 좋다는 쪽과 싫다는 쪽. 바꿔 말하면, 그림 그리는 부류가 절반, 그림 그릴 엄두도 못 내는 부류가 또 절반이었다.

"내게 해를 끼친 사람을 용서하라고, 또는 용서했기 때문에 얼굴을 그리라는 것은 아닙니다. 그저 현재 마음 상태를 솔직하게 표현하라는 것뿐이에요. 미우면 밉다고 표현하면서 그리시고, 그리우면 그립다고 표현하면서 그리세요."

나는 그림 그리기를 망설이는 사람들에게 이렇게 격려했다. 하지만 결국 절반에 이르는 사람들이 그리기를 포기했다. 그들이 왜 포기했는지, 그 마음을 속속들이 알 수는 없다. '아직 마음이 정리되지 않아서'라고 설명할 수 있을 것 같다. 나는 포기한 이들에게 더는 다그치지 않았다. 마음이 정리되지 않은 사람에게 억지로 마음 정리를 강요하는 것은 역효과만 낼 뿐이다.

얼굴 그리기를 완성한 사람에 한해 그 사연을 발표하는 시간을 가졌다. 첫 도전자는 중년의 남성이었다.

"부모님, 아내, 아이들, 형제들 얼굴을 차례로 그렸습니다. 나한테 긍정적으로 각인된 사람들이지요. 다음은 나한테 부정적으로 각인된 사람들인데 나를 이곳에 들어오게끔 원인을 제공한 사람들과, 학교 다닐 때 나를 살펴주지 않고 무관심했던 선생님도 포함되어 있어요."

두 번째 도전자는 앳된 청년이었다. 어려서 부모가 이혼했는데, 아버지가 혼자 삼 남매를 키웠다고 했다. 그런 아버지가 부정적인 사람으로 남아 있었다. 아버지가 매사에 지나치게 엄하고 매질도 심했기 때문이란다. 사랑을 주지 않고 곁을 떠난 어머니 역시 부정적인 사람이었다. 청년은 아버지가 자신을 조금만 다정하게 대했더라면, 어머니의 사랑도 함께 받았더라면 지금 이곳에 있지는 않았을 거라며 한숨을 내쉬었다. 그리고 담담하게 한마디 덧붙였다.

"그래도 아버지 마음을 조금은 이해해요. '남자가 애들 셋을 혼자 키우려니 힘들어서 그랬겠지' 하고 생각합니다."

이 말에서 나는 청년의 고운 심성을 발견할 수 있었다. '소소한 사랑만 있었더라면 청년은 밝은 삶을 살 수 있었을 텐데' 하는 안타까움이 들었다.

청년의 그림 속 긍정적인 사람들은 다소 충격이었다. 청년은 그들이 꿈에서 본 사람들이라고 말했다. 세상에서는 부모를 비롯한 모든 사람이 자기에게 차갑게 대했는데, 꿈에서는 모두가 따뜻하게 대해주었다고 했다. 외톨이인 그가 얼마나 포근한 사랑에 배고파했을지, 콧날이 시큰해지는 대목이었다. 나아가 아직 청년의 마음속에 사랑이 살아 있음을 엿볼 수 있는 대목이기도 했다. 사랑이 죽어 있다면 그런 꿈을 꾸는 일이 드물다. 꿈은 무의식의 표현이기 때문이다.

"이곳에서 지내며 아버지에 대한 미움을 극복하려고 노력 중입니다. 출소하면 아버지와 잘 지내볼까 해요."

청년은 쑥스러워하며 다짐했다. 그 쑥스러운 다짐이 눈물 나게 기특했다.

그밖에도 몇 명의 도전자가 더 사연을 발표했다. 중요한 것은 얼굴을 그리지 않은 사람들도 발표자에게 진지하게 귀 기울이고, 또 공감을 하면서 그들의 표정 또한 발표자와 함께 밝아졌다는 것이다. 이 대목이 마인드 UP 교육에서 중요하게 다루는 부분 중 하나이다.

마더테레사 효과(남을 돕는 활동을 통하여 일어나는 정신적, 신체적, 사회적 변화. 1998년 미국 하버드대학교 의과대학에서 시행한 연구로서 테레사 수녀처럼 남을 위한 봉사활동을 하거나 선한 일을 보기만 해도 인체의 면역 기능이 크게 향상되는 것을 말한다. 슈바이처 효과라고도 한다.)처럼, 발표하는 사람의 사례와 비슷한 자기의 사례를 떠올리면서 상대의 아픔과 기쁨을 내 일처럼 공감하면서 듣고 반응을 해주는 것만으로도 모두가 함께 충만해지는 것을 느끼게 되는데 이는 모두의 마음이 하나로 통하기 때문이다. 나는 이 모든 과정을 '마음 비우기'라는 표현으로 뭉뚱그려 정리하고 싶다.

마음에는 두 가지가 있다. 먼저 개체마음이다. 개체마음이란 한 개인이 살아가면서 자신의 마음속에 저장하는 기억, 생각, 감정 등을 일컫는다. 각자의 삶이 다르듯 개체마음은 서로 다를 수밖에 없다.

두 번째는 전체마음이다. 넘어진 아이를 일으키고 싶은 마음이나 물에 빠진 사람을 건지고 싶은 마음처럼 모든 사람이 공통적으로 지니고 있는 마음이다. 이 전체마음은 개체마음을 텅 비웠을 때 더 선명히 드러나는 경우가 많다. 개체마음이 꽉 차 있으면 전체마음이 우러날 때 종종 외면하기도 한다. 개체마음은 버리고 전체마음을 키울 때 삶은 밝아진다. 개인의 삶이 밝아지면 사회가 행복해진다는 것은 물이 아래로 흐르는 것처럼 자연스러운 일이다.

부모의 삶은 자녀에게 영향을 미친다. 심리학에서도 증명한 이야기다. 그렇지만 부모의 부정적인 삶에 물들지 않고 자녀가 다른 삶을 사는 것도 가능하다. 마음을 비우면 이루어진다.

자신이 살아온 삶이 부모의 영향으로 살아온 삶이라면, 자신의 마음을 비움으로써 부모의 마음과 삶 또한 비워지는 것이다. 비우고 또 비워내다 보면 지금의 '나'는 그때의 '나'가 아니라 전체마음으로 거듭난 '나'인 것이다. 그렇게 새롭게 태어난 '나'는 예전과는 다른 삶을 살아가게 된다.

말은 쉽지만 사실 마음을 비우는 것은 어렵고 힘든 일이다. 하지만 나 자신이 십 년 넘게 마음을 비우는 길을 걸어오면서 몸소 체험을 했기에, 그래서 불가능한 일은 아니라고 자신 있게 말할 수 있다. 내가 멘토의 자격을 얻은 것은 마음을 비우고 과거와는 다르게 살려고 노력한 덕분이다. 나 역시 지난날 참 많은 잘못을 저질렀다.

나는 재소자들 앞에서 힘주어 말했다.

"재소자 여러분은 지금 당당히 죗값을 치르고 있는 중입니다. 그러니 더 이상 죄의식에 빠지지 마십시오. 이제는 과거를 비워내고 새로운 삶을 준비하십시오. 그리고 서로에게 의지가 되는 친구가 되어주시고 서로 돕는 삶을 실천해보시기 바랍니다. 그러다 보면 남이 나이기에 어느 순간부터 나도 잘 살아지게 될 것입니다."

마음 비우기는 과거의 아픈 기억과 그 기억 속에 묻어 있는 나쁜 감정을 지워내는 것이다. 나는 비워낸 마음에서 사랑이 움틀 수 있다고 믿는다. 그 믿음을 조심스레 권해본다.

그걸로 됐다

상희(가명)와 상희 어머니는 나의 믿음에 힘을 불어넣어준 사람들이다. 가족을 주제로 한 캠프에서 만난 이들 모녀는 처음부터 딱 눈에 띄었다. 둘 사이가 몹시 어색해보였기 때문이다. 서로를 데면데면 대하는 둘에게서 살가운 모녀의 모습은 찾아볼 수 없었다.

상희 어머니는 사 남매 중 맏이였다. 맏이였기에 가난한 부모가 짊어진 생계의 짐을 나누어 져야 했다. 한창 어리광부릴 나이에 부모님의 얼음 장사를 도운 것이다. 그러나 아버지는 뭐가 그리 못마땅했는지 걸핏하면 맏딸에게 매질을 가했다. 상희 어머니는 주장이 강하고 성급한 자신의 성격이 매를 부른 것 같다며 어린 시절을 회고했다.

문제는 상희 어머니가 그 성격을 자녀 양육에 고스란히 대입했다는 점이다. 어머니는 늘 주도권을 쥐고 상희를 대했다. 그런데 상희도 엄마를 닮아 좀처럼 숙이지 않고 엄마를 이기려 들었다. 상희가 중학생이 되면서 어머니와의 다툼은 심해졌고, 갈등은 깊어졌다. 어머니는 본인도 맞고 자란 게 싫어 상희를 부드럽게 키우고 싶었지만, 끝내 손찌검을 하고 말았다. 한 번 시작된 손찌검은 멈출 줄 몰랐다. 참다못한 상희는 가출을 결행했다.

집을 나간 상희는 학교를 그만둔 아이들과 어울리게 되었는데, 담배로 얼굴에 상처까지 냈다. 흔히 말하는 '담배빵'을 만든 것이다. 하필 상처를 내도 얼굴에 냈을까? 그것도 여자애가. 어머니는 딸을 이해할 수 없었다. 믿을 수도 없었다. 지난날 강압적으로 상희를 다룬 것을 후회는 하지만, 상희를 향한 서운함은 도무지 사그라지지 않았다. 그 서운함이 상희 어머니를 캠프로 이끈 것이다.

상희는 캠프 프로그램에 손톱만큼도 관심이 없어 보였다. 활동도, 발표도 하지 않았다. 그러나 어머니는 노력했다. 자신의 양육 태도를 반성하고, 상희에게 좋은 엄마가 되자고 다짐 또 다짐했다. 나아가 자신의 마음속에 오랜 세월 응어리져 있었던 부모에 대한 원망을 비워내려고 애썼다. 그런 엄마의 모습을 보자 상희도 달라지기 시작했다. 허리를 딱 펴고 선생님을 응시하며 수업에 조금씩 흥미를 보였다. 멘토로서 은근히 기대를 품게 하는 순간이었다.

다음날 모녀는 기대를 저버리지 않았다. 서로의 속마음을 솔직히 털어놓고, 귀담아 들어주는 '마음극장' 프로그램에서 모녀 사이에 회복의 기미가 나타났다. 어머니가 먼저 속마음을 털어놓는 역할을 했다. 상희는 한마디 대꾸도 없이 엄마 말을 가만히 듣기만 했다. 말을 마친

어머니는 자리로 돌아와 상희의 머리칼을 살살 어루만졌다. 엄마의 진심이 전달됐을까. 상희는 머리를 만지는 엄마의 손길을 묵묵히 받아들였다. 그러자 엄마의 손짓은 계속되고, 드디어 상희의 얼굴에서 미소가 피어났다. 캠프에서 처음 피어난, 조그만 화해가 깃든 웃음꽃이었다.

비록 상희는 속마음을 털어놓지 않고 듣는 역할만 했지만, 괜찮았다. 둘 다 마음 비우기에 첫걸음을 내디뎠으니까. 캠프를 마치면서 나는 엄마와 딸이 사랑으로 나란히 행진하기를 간절히 기도했다. 그리고 상희 어머니가 차마 딸에게 꺼내지 못한 말을 멘토로서 용기를 내어 건넸다.

"상희야, 하나만 약속해줄래? 다시는 몸에 상처내지 않겠다고. 선생님도 네 얼굴의 상처를 보면 마음이 아프거든!"

상희는 수줍은 미소를 입에 문 채 슬며시 고개를 끄덕였다.

'그걸로 됐다!'

짧은 공감의 시간으로도 사랑은 전이되고 꽃은 피어난다.

가족은
한 그루 나무다

부모 힐링 캠프에서 만난 최지예(가명) 씨와 6학년 딸의 이야기도 무게 있는 의미를 던진다. 최지예 씨는 언니와 오빠가 있는 집에 늦둥이로 태어난 딸이다. 원하지 않던 임신으로 태어난 아기이기에 엄마 입장에서는 사랑만으로 키우기 힘든 존재였다.

"어머니는 저를 거의 방치했어요. 한마디로 저한테 무관심했지요. 네 살 때인가? 한번은 그림책을 읽어달라고 졸랐는데, '넌 무슨 애가 호기심이 그렇게 많냐?'는 핀잔만 돌아왔어요."

그 순간 어린 최지예 씨는 이런 마음을 먹었다고 했다.

'엄만 날 안 좋아해!'

청소년기에도 달라진 것은 없었다. 어머니는 최지예 씨보다 화투치기와 쇼핑을 더 좋아했다. 그나마 최지예 씨를 막내딸이라고 귀여워

해주던 아버지는 번번이 바람을 피우면서 밖으로만 나돌았다. 최지예 씨는 아버지의 외도를 엄마 탓으로 돌렸다. 비록 바람을 피우긴 해도 다정하게 대해주는 아버지에게는 딱히 미운 감정이 샘솟지 않았다. 미운 사람은 엄마였다.

결혼을 해 가정을 꾸린 최지예 씨는 본인도 딸을 가진 엄마가 되었다. 그러나 직장생활에 전념해야 할 처지였기에 아기는 어린이집과 친정엄마에게 번갈아 맡겨야 했다. 그렇게 일에 빠져 지내던 어느 날, 어린이집에서 전화가 걸려왔다.

"어머님, 아이가 말도 잘 못하고, 집중도 전혀 못하네요. 병원에서 검사를 받아보는 게 좋겠습니다."

순간 눈앞이 캄캄해졌다. 일한다는 핑계로 딸아이를 나 몰라라 했던 시간들이 영화처럼 생생해졌다. 어린 시절 자신이 당한 방임을 딸에게 대물림했다는 자책감이 거세게 밀려왔다.

그길로 최지예 씨는 사표를 던졌다. 그리고 병원으로, 상담센터로, 언어치료실로 딸을 안고 뛰어다녔다. 좋은 엄마가 되겠다는 일념으로 열심히 책도 읽어주고, 부지런히 놀아도 주었다. 그러기를 3년, 엄마의 노력 덕분인지 딸은 정상적인 발달 상태를 보였다. 오히려 여느 아동들보다 지능이 뛰어나다는 평가까지 받았다.

그동안의 노력을 보상 받은 심정이 든 최지예 씨. 그런데 최지예 씨의 마음속에 딸을 남부럽지 않게 키워보겠다는 욕심이 돋아났다. 그 욕심에 유혹당한 최지예 씨는 딸을 이 학원 저 학원으로 데리고 다니며 공부를 시켰다. '우리 딸이 다른 아이들처럼 정상적으로 자라기만 한다면……' 하고 기도했던 마음은 하루아침에 잃어버렸다. 다행히 딸아이는 별 탈 없이 엄마의 뜻을 따라주었다. 수학경시대회에서 1등을 차지해 엄마에게 기쁨도 담뿍 안겨주었다.

그렇게 엄마의 바람을 이루어줄 것 같던 딸이 초등학교 고학년이 되면서 달라지기 시작했다. 엄마 말에 토를 달고, 사사건건 엄마와 부딪쳤다. 성적도 뚝 떨어졌다. 자연스럽게 모녀 사이의 갈등이 깊어지고, 친근함은 얕아졌다.

캠프에서 만난 아이는 씩씩하고 영특했다. 다소 수다스럽기는 했지만 말은 똑 부러졌다. 또래와 크게 다르지 않은 정상적인 여자아이였다. 반대로 엄마 최지예 씨는 조금 불안정한 느낌이었다. 대화 중에 눈을 마주치지 못하고 피하는 행동을 종종 보였다.

최지예 씨에게 캠프에 참여한 동기를 물었더니 다음과 같은 대답이 돌아왔다.

"딸애가 엄마한테 반항하고, 소통도 잘 안 되고, 그걸 개선해보고 싶어서요."

나는 몇 가지 더 이야기를 나눈 뒤 최지예 씨에게 본인의 친정엄마를 어떻게 생각하느냐는 질문을 던졌다. 돌아온 대답은 위에서 언급한 그대로다.

최지예 씨는 여전히 친정엄마가 밉다고 했다. 가시 돋친 말이 톡톡 튀어나가고, 행동에는 짜증이 섞이고, 같이 있으면 불편하단다. 때로는 쇠잔해진 친정엄마를 쥐 잡듯이 몰아세웠다고도 했다.

"어머님, 가족은 한 그루 나무와 같습니다. 부모님은 뿌리, 나는 줄기, 아이들은 잎과 열매입니다. 줄기인 어머님은 뿌리인 친정엄마와는 소통을 기피하면서 잎과 열매인 딸하고만 소통하려 애쓰고 있어요. 뿌리와 줄기가 서로 사랑으로 소통하지 않은 나무가 아름다운 잎과 열매를 맺을 수 있을까요?"

멘토의 말에 최지예 씨의 얼굴빛이 달라졌다. 아차 싶다는 표정이 어렸다. 그 표정에서 나는 희망을 예감했다.

이후 캠프에서는 부모와의 일들을 돌아본 뒤 부모에게 편지를 쓰는 프로그램을 진행했다. 최지예 씨는 친정엄마에게 편지를 쓰면서 울음을 터뜨렸다. 난생처음으로 엄마에게 느낀 감사가 눈물로 쏟아진 것이다.

"제가 엄마 입장이라면 바람피우는 남편과는 하루도 같이 못 살 것 같아요. 그 괴로운 세월을 견디며 지금껏 살아주고 보살펴준 엄마가 정말 감사하네요. 왜 지금에서야 엄마 마음을 헤아리게 되었을까요? 이제라도 엄마에게 용서를 구하고 싶어요."

대부분의 사람들은 지난날의 어두웠던 일들을 밝히기 싫어한다. 떠올리는 것조차 껄끄러운데, 왜 그래야 하냐고 되묻는다. '현재의 나'는 과거로부터 이어지는 연결지점의 맨 끝에 존재한다. 그리고 연결되어 있는 모든 일들에 바로 이 순간에도 영향을 받고 있다. '새로운 나'로 살기 위해서는 부정적인 과거에 얽매여 있는 묵은 감정을 해소하는 것이 일차적으로 선행되어야 한다. 목욕을 하지 않고 좋은 향수만 뿌린다고 해서 고약한 몸 냄새를 다 가릴 수는 없는 법이다.

감정을 푸는 방법 가운데 하나는 속마음을 털어놓고 상대 입장에서 생각해보는 것이다. 부모된 이가 지금 자녀와 소통의 문제를 겪는다면 자신은 어렸을 때 부모와 어떻게 지냈는지 돌아볼 일이다. 그때 부모의 마음은 어땠을지 찬찬히 헤아리고 자신이 놓치고 있던 원인은 없는지 돌아보는 노력이 필요하다.

캠프가 저물어갈 무렵 최지예 씨에게서 불안한 눈빛이 사라졌다. 어린 날의 '나'로 돌아가 친정엄마와 화해를 이룬 그녀는 자기 욕심대로 딸을 키운 엄마로서의 '나'를 반성했다. 그리고 편안하게 집으로 돌아갔다. 아마도 최지예 씨의 다음 일정은 엄마가 있는 친정집이 아니었을까?

마음은 연결되어 있다

마인드 UP 캠프에 두 남자와 동행한 오수진(가명) 씨는 캠프 내내 눈물 바람이었다. 두 남자란 오수진 씨의 남편과 아들인데, 이들은 오수진 씨를 울게 한 원인 제공자였다. 오수진 씨의 눈물이 마르지 않았던 까닭은 이러하다.

오수진 씨의 첫아들은 극심한 아토피를 가지고 태어났다. 그 바람에 오수진 씨는 육아의 기쁨보다 슬픔을 먼저 껴안아야 했다. 아픈 아기를 돌보는 일은 힘들었다. 아기와 하루를 지내면 기절할 정도로 지쳐버렸다. 남편은 그런 아내를 위해 퇴근하고 돌아와 아기를 근처의 본가로 데려갔다. 그곳에서 밤을 지새운 뒤 이튿날 아침 다시 아내에게 아기를 안기고는 출근했다. 남편은 아기를 위해 황토집까지 짓는 정성을 보였다. 아토피에 좋다는 치료는 무엇이든 시도했다. 아기가 부모의 정성에 보답하려는지 몇 년이 지나자 아토피 증상이 한결 나아졌다.

아기가 건강해지니 오수진 씨의 가슴은 아기를 잘 키우겠다는 의욕으로 가득 찼다. 그래서 학원을 몇 군데씩 끌고 다니며 공부를 시켰다. 그 무렵 남편은 밖에서 보내는 시간이 많아졌다. 본디 술 좋아하고 사람 좋아하는 남편은 그동안 참았던 즐거움을 한꺼번에 누리려는 듯 사생활에만 치중했다. 남편에게 자녀 교육은 뒷전이 되고 말았다.

아들은 큰 문제를 일으키지 않고 무난히 자라주는 듯싶었다. 그런데 초등학교 고학년부터 슬슬 반항하기 시작하더니, 중학교에 진학해서는 부모에게 등을 돌릴 만큼 변해버렸다. 학교에서 말썽을 피워 전학도 두 번이나 가야 했다. 엄마는 공부, 아빠는 사생활만 찾는 사이 아들은 문제아가 되어 있었다. 이를 깨달았을 때, 아들과 더 소통하고 사랑으로 대했다면 오수진 씨 가족은 캠프를 찾을 일이 없었을지도 모른다. 그 기회를 놓치고, 아버지는 아들을 폭력으로 다스렸다. 아들의 반항심에 활활 부채질을 하고 만 것이다. 급기야 아들은 어머니를 때리는 지경에까지 이르고 말았다.

캠프에서 아버지는 이렇게 고백했다.

"저는 어려서부터 공부보다 친구들과 어울리기를 좋아했습니다. 흔히 말하는 '가오'를 잡기 위해 술과 담배도 했고요. 당연히 어머니와 자주 다퉜습니다. 근데 그런 생활에서 벗어나기가 어렵더라고요. 재미있으니까요. 사실은 지금도 끊기 힘듭니다. 아들에게 창피하고 미안한 얘기지만요."

부모와 자식은 몸은 따로 떨어져 있으나 마음은 연결되어 있다. 엄마가, 혹은 아빠가 열 살쯤에 먹었던 마음을 아이는 열 살쯤에 행동으로 옮기기도 한다. 부모가 과거와 다른 삶을 살지 않으면 아이는 부모의 삶을 그대로 되풀이한다. 한 술 더 뜨기도 한다. 부모가 그릇된 삶을 살면서 자녀에게 바른 삶을 가르치는 것은 모순이다. "너 그렇게 살지 마!" 하는 외침은 공허한 메아리로 사라져버린다. 더구나 폭력은 절대 통할 리가 없다.

오수진 씨 가정에 행복이 자리하려면 아이 아버지의 변화가 절실하다. 아버지는 과거와 현재를 버리고, 깨끗이 비우고, 아들에게 다정하게 다가가야 한다. 물론 오수진 씨에게도 변화가 필요하다. 공부에 대한 과욕을 버리는 것이 첫 번째 숙제다.

"아빠의 마음이 달라지는 만큼 아이의 변화는 분명히 따라옵니다."

나는 멘토로서 아이 아버지에게 진심으로 조언했다. 그러나 아버지는 그다지 심각하게 받아들이지 않는 눈치였다. 그런 아버지의 마음과 연결된 아들의 마음에서는 아버지에 대한 반감이 누그러지지 않았다. 아들은 캠프를 마칠 때까지 가족과 함께하는 시간에 참여하지 않았다.

오수진 씨 가족을 통해 나는 스스로를 되돌아보았다. 나 역시 자녀를 키우는 아버지로서 잘하고 있는가? 그 평가는 내가 내릴 수 없다. 다만 잘하려고 노력한다는 말은 할 수 있다. 나는 캠프의 멘토이지만 교육을 받는 참가자 자격으로 캠프를 찾기도 한다. 그렇게 교육을 받으면서 지난날을 돌이켜보고 더 나아질 수 있는 방법을 고민한다. 나도 완벽한 사람일 수는 없기 때문이다.

인간관계는 사랑을 통해서

어르신들과 함께한 시간들을 이야기하며 글을 닫아야겠다. 마인드 UP 골드교실에서 만난 어르신들을 몇 분 소개한다.

전라남도 외딴 시골마을이 고향인 김정윤(가명) 할아버지. 할아버지는 5·18 민주화운동 당시 광주에서 대학을 다니던 아들의 소식이 끊겨 그 혼돈과 죽음의 땅으로 아들을 찾아 나선 이야기를 들려주었다. 이야기 도중 그때의 참담함이 복받쳐 아흔이 가까운 노구에 가쁜 숨을 몰아쉬며 눈물을 흘렸다.

"차를 얻어 타고 화순까지 올라왔는데, 너릿재 터널에서 길이 맥혀 밤에 몰래 산을 넘어 광주로 들어섰어라. 고 이튿날 군인들 총질에 넘어진 버스를 발견했다는 거 아니오. 근데 버스 안에 시신들이 뒹

굴고 있는 거라. 행여 아들놈이 거기 있을까 시신들을 마냥 헤집는데……."

다행히 아들은 시신들 사이에 없었다. 할아버지는 온 광주 시내를 황망히 헤맨 끝에 간신히 아들을 찾아냈다.

"천신맹고 끝에 아들 찾았으니, 그저 다 됐다고 생각했어라. 그때 심정들은 여기 이 가슴에 탁 묻고 지금껏 살았지라."

이야기를 듣던 이들의 눈시울이 붉어졌다. 환갑이 된 아들도 늙은 아버지의 눈물에 함께 울었다. 아들은 아버지의 사랑에 감사를 전했다.

금이야 옥이야, 친정 부모님의 사랑을 독차지하고 자랐다는 박옥희 할머니. 할머니는 처녀 시절 바느질이며 집안일을 야무지게 잘해서 온 동네 사람들이 탐을 낸 맏며느릿감이었다.

그런데 막상 시집간 집은 엉덩이조차 붙일 곳 없는 가난한 집이었다. 엎친 데 덮친 격으로 남편은 바깥일을 할 수 없을 만큼 허약해서 방구들만 지고 있었다. 할머니는 하루하루를 눈물로 지새웠다. 당장이라도 친정으로 도망가고 싶었다. 그렇지만 사랑으로 키워주신 부모님 얼굴에 먹칠하는 행동이라, 이러지도 저러지도 못하고 속만 끓였다.

그러나 먹고 살려면 속만 끓이고 있을 수는 없는 노릇이었다. 할머니는 장바닥을 돌며 가정을 꾸려나갔다. 하늘이 도왔는지 장사가 그럭저럭 되어 살림이 펴기 시작했다. 자식들도 무럭무럭 자라났다.

할머니는 이 대목에서 한숨을 뱉었다.

“이제 좀 살 만한가 싶더니 남편이 뇌졸중으로 쓰러졌어요. 병상에 드러누운 지 삼십 년이 넘네요.”

멘토로서 딱히 드릴 말씀이 떠오르지 않았다. 그래서 나는 묻는 것으로 대신했다.

“할머니, 제가 볼 땐 잘 웃으시는 것 같던데, 요즘 뭐 좋은 일 있으세요?”

할머니는 미소를 머금은 채 대답했다.

“날마다 좋은 날이지요! 늘그막에 좋은 교육 받고, 가슴속 응어리 다 날려보내고 행복 찾았으니, 이보다 더 감사한 일이 어디 있어요. 이 공부 만나게 해주신 하늘의 부모님께 감사하고 감사합니다.”

할머니는 골드교실에 함께한 모든 분들에게 “천복 누리세요!” 하며 덕담까지 건넸다. 그런 할머니에게 멘토의 조언은 쓸데없어 보였다.

주민숙(가명) 할머니도 기억난다. 할머니는 미술을 공부하고 싶었지만 가난한 환경 탓에 꿈을 접어야만 했다. 그렇게 늙어만 가다가 몇 해 전 사위가 덜컥 크레파스와 물감을 안겨주었다.

“장모님, 그리고 싶은 것 마음껏 그리세요”라는 사위의 말에 할머니는 용기를 얻어 그림을 시작했다. 한 장, 두 장 그리다 보니 마을 도서관의 도움으로 개인전까지 열기에 이르렀다. 나이 아흔에 화가로 인생 역전을 한 것이다.

강성내(가명) 할아버지도 인상적이다. 할아버지는 골드교실에 참여하기 불과 몇 달 전에 아내를 갑작스러운 사고로 잃었는데, 오히려 주변 사람들에게 활력을 불어넣어주었다. 인생의 슬픔을 받아들이고 웃음으로 꿋꿋이 이겨나가는 모습에 나는 숙연해질 수밖에 없었다.

사연 없는 사람이 누가 있겠는가마는 어르신들의 사연은 저마다 구구절절하다. 풀어놓은 사연은 태산처럼 높고, 밭고랑처럼 깊은 주름에는 결결이 사연이 새겨진 듯하다.

그런데 이제는 굴레처럼 매여 있던 사연에서 벗어났기 때문에 한결같이 행복하다고 말한다.

"예전에는 흉이 될까 봐 자식들 이야기, 배우자 이야기를 좋은 것들만 골라서 자랑했는데, 이제는 허물까지 다 털어버리고 나니까 흉이랄 것도 없어~. 너나 할 것 없이 다들 그러고 살았더라고~. 그런 것들이 무슨 보물이라고 여기 가슴에 담고 살았는가 몰라~. 다 털어버리고 나니 이렇게 시원한 것을!"

나의 아버지도 몇 해 전 생의 마지막 한 달을 병원에서 보내시면서 살아온 인생을 정리하셨다. 결혼하고 10여 년이 지난 후부터 시작된 어머니의 의부증으로 반평생 어렵고 고단한 삶을 사시다 어머니께서도 마인드 UP 교육을 받고 나서는 서로 용서와 화해의 시간을 갖고 돌아가시기 전까지 몇 년간이라도 친구처럼 지내셨단다.

내가 20대 말에 아버지 도움으로 사업을 하였으나 잘 되지 않아 아버지마저 힘들게 한 적이 있었다.

"아버지 그때 괜히 사업한다고 아버지 힘들게 해드려서 정말 죄송

했습니다. 용서해 주세요"

"그런 소리 마라, 남자가 처자식 먹여 살리려고 이 일 저 일 하다 보면 실패할 때도 있지, 아버지도 여러 번 실패해봤다. 마음에 두지 말고 다 잊어버려라."

"아버지, 그렇게 말씀해 주셔서 감사합니다."

그렇게 말문을 연 아버지는 한평생 쌓아둔 이야기를 겨울이 되어 이파리를 떨구어내는 나무처럼 다 털어내셨다. 그리고는 편안하게 눈을 감으셨다.

나는 아버지가 남긴 말씀들을 버무리고 간추려서 골드교실의 어르신들에게 실감나게 들려주었다.

"그저 마음 비워서 행복한 마음을 물려주는 게 최고의 유산이에요. 물려줄 재산도 없지만, 몇 푼 있는 거 자식들 물려줘봐야 좋은 꼴 볼 수 있든가요? 즈그들끼리 안 싸우면 다행이지. 다들 무거운 짐 털어버리고 행복하게 사시요들!"

지금 인연이 되어 있는 사람들은 서로를 사랑하라고 하늘이 맺어준다고 한다. 하지만 많은 사람들은 그 참뜻을 모르고 갈등과 반목으로 힘겨운 시간을 보내기도 한다.

앞서 소개해드린 분들의 사례에서 보듯 욕심이 지나쳐서 생기는 문제들이 많다. 나는 사랑이라고 하고 있는데, 그래서 열심히 사랑을 주고 있는데 상대는 부담이라면, 불협화음이 발생한다면 잠시 멈춰 서서 나를 돌아볼 일이다. 나의 사랑이 받으려고 하는 개체의 사랑인지, 아낌없이 주는 전체의 사랑인지. 전체의 사랑은 마음을 비워낸 그곳에 가득하다. 그리고 그것은 지금까지의 여정에서 찾아낸 소중한 보물이다.

박소현

사회복지학부(노인복지학 전공) 사회복지학사

한국인성연구원과 인연을 맺은 지 10년 세월이다. 부부살이가 쉽지 않아 도움을 받게 되었고 지금은 그 사랑을 나누는 일을 하고 있다. 그사이 아이들도 많이 커서 중3인 큰딸과 초등학교 6학년 아들, 4학년 막내딸까지 시끌시끌하다. 주말에 캠프 때문에 자주 집을 비우지만 그런 아빠를 이해해주는 아이들이 고맙다. 부부로 살아가는 것, 아이들 키우는 것에 노하우가 있을까? 모두 다 처음인데. 그래도 함께 만나서 이야기 나누다 보면 실마리를 찾아간다. 그리고 나는 그 일이 좋다.

chapter

2

좋은 인간관계의 비밀은 내 안에 있다

임은희

나 역시 다른 사람에게 인정과 사랑을 받고 싶은 욕구로 자신을 몰아세우다 몸도 마음도 망가진 경험이 있다. 나다움이 무엇인지 모르고 다른 사람들이 원하는 삶으로 살면서도 늘 사람과의 관계가 어려움이었다. 내면 성찰을 통해 그 원인을 찾아보니 문제의 뿌리는 내 안에 있었다. 어릴 적 트라우마로 인한 부정적인 감정이 모든 문제의 근원이었다. 이러한 부정적인 생각과 감정을 비워내며, 기억을 바로잡고 마음을 비우면서 몸과 마음이 편해지기 시작했고 내면에 내가 원래 가지고 있던 나의 긍정성이 드러나기 시작했다.

누구나 이루고 싶은 꿈이 있는데, 꿈을 이루려고 할 때 예측할 수 없는 주변 환경으로 어려움을 겪을 수도 있지만, 의외로 인간관계가 장애로 다가오는 경우가 많다. 사람과의 관계가 일의 성패를 좌우하는 열쇠가 될 때도 있기 때문이다. 이러한 인간관계의 문제는 다른 사람을 어떻게 대하느냐가 아니라 오히려 스스로를 어떻게 대하느냐가 문제의 핵심일 수도 있다.

자존감이 낮고 스스로를 비난하는 사람은 그 부정적인 감정을 다른 사람에게 드러내기 쉽다. 타인의 욕구에 부응하려 하면서도 나를 지키려는 욕구가 상충하기 때문이다. 그렇다고 자신을 온전히 인정하거나 사랑하지 않고 반복적으로 몰아세우기도 한다. 많은 현대인이 불안감과 우울증에 시달려 이러한 자존감 도둑에게 당하곤 한다. 그것을 보면 자신을 사랑하는 것이 결코 쉬운 일만은 아니다.

나 역시 다른 사람에게 인정과 사랑을 받고 싶은 욕구로 자신을 몰아세우다 몸도 마음도 망가진 경험이 있다. 나다움이 무엇인지 모르고 다른 사람들이 원하는 삶으로 살면서도 늘 사람과의 관계가 어려움이었다. 내면 성찰을 통해 그 원인을 찾아보니 문제의 뿌리는 내 안에 있었다. 어릴 적 트라우마로 인한 부정적인 감정이 모든 문제의 근원이었다. 이러한 부정적인 생각과 감정을 비워내며, 기억을 바로잡고 마음을 비우면서 몸과 마음이 편해지기 시작했고 내면에 내가 원래 가지고 있던 나의 긍정성이 드러나기 시작했다.

이 글을 읽는 분들도 내 안의 부정적인 감정이 형성된 과정과 그 극복을 위한 방법을 따라가다 보면, 각자 자신에게 필요한 치유 방법을 스스로 찾을 수 있으리라 기대한다.

나를 대하는 방식이 대인관계에 영향을 준다

'나를 대하는 방식이 바뀌면 다른 사람을 대하는 방식도 바뀔 수 있다'라는 말을 들었을 때 다른 사람의 기준과 평가에 의존해온 나로서는 사실 이해가 잘 되지 않았다. 내가 나 스스로를 어떻게 대하고 있는지 잘 몰랐기 때문이다. 그런데 내면을 성찰하면서 그 누구에게도 사랑받거나 인정받을 수 없는 존재라는 무의식이 나를 지배하고 있다는 것을 알았다.

나는 나를 사랑으로 대하지 못했다. 나는 눈치를 자주 보고 감정을 억누르고 매사에 소극적이고 자신이 없었다. 그러다 보니 매사에 남들보다 시간도 더 걸리고, 나름 애를 더 써도 결과가 좋지 않은 경우가 많았다. 이것이 반복되다 보니 자존감이 바닥까지 떨어져 다른 사람들이 나에게 하는 말 한마디, 무심코 주는 눈빛 한 번에도 잠을 못 이룰 정도로 상처받고 괴로워했다. 다른 사람들과 어울리기보다는 혼자 있는 것이 편했다.

뿐만 아니라 사람들이 일상적으로 하는 흔한 행동도 나를 거부하거나 무시하거나 혹은 귀찮아한다고 생각하곤 했다. 그 당시에는 내가 겪는 문제의 원인을 알지 못했기 때문에 다른 사람들을 밀어내고 결국 그런 나 자신을 미워하게 되는 일을 반복했다.

나에 대한 부정적인 생각은 커져가고 더욱 폐쇄적으로 변해가고 있었다. 상처받는 것에 대한 두려움이 다른 사람과 거리를 멀게 만들고 그러한 나의 행동이 다른 사람에게 상처가 되는 악순환이 반복되었다.

덕분에 다른 사람들에게 내 주장을 강하게 어필하거나 무엇인가를 부탁을 한다는 것은 상상조차 할 수 없었다. 고슴도치가 위기에 빠졌을 때 가시를 뻗치듯 행동하는 내 모습을 자각하니 과연 정상적인 사회생활을 할 수 있는지 의구심이 생겼다. 더군다나 나는 교사가 되는 것이 꿈이었는데, 자신의 미래를 위해 도전하고 성장해나갈 학생들을 상대로 제대로 가르치고 지도하는 것이 과연 가능할지 불안했다.

마침내 일을 하면서 내 안의 문제가 드러나기 시작했다. 경험 삼아 학원 강사로 아르바이트를 했는데, 내가 상처를 받은 방식으로 학생들을 대하고 있다는 사실을 깨달은 것이다.

나에게 한마디라도 대꾸하면 화를 냈고, 나를 무시한다고 생각해 어떻게 하든 제압하려고 했다. 평소에도 원만하지 않았던 인간관계가 가르침을 주고받는 강사와 학생 사이라고 크게 달라질 것은 없었고, 오히려 나의 부정적인 감정으로 인해 악영향만 커졌다.

교사라는 꿈이 점점 멀어져가고 있음을 느꼈다. 아이들을 상대하는 것이 주 업무인 교사가 마음으로 학생들을 밀어낸다면 어떻게 바른 교육을 할 수 있겠는가? 그저 지식만을 가르쳐주는 것이 아니라 인생의 고민을 함께 나누고 진로를 같이 탐색하는 교사가 되고 싶었던 나는 이 상처를 치유하지 않고서는 내 꿈을 이룰 수 없다고 느꼈다.

마음의 상처가 몸의 상처를 만들다

살면서 마음이 복잡한 것에 집중했던 나는 사실 몸에 그렇게 관심이 없었다. 사람들의 눈을 의식해서 나의 몸을 싫어하고 다이어트에 몰아세우는 것 말고는 한 번도 온전히 나의 몸에 대해서 걱정해본 적이 없다. 그런데 시간이 지날수록 나의 몸은 더 이상은 참기 어려웠는지 신호를 보내기 시작했다.

내가 무엇에 상처받고 있는지 모른 채 반복적인 감정에 억눌린 나는 항상 우울하고 소심했다. 마음만 아픈 것이 아니라 항상 몸도 무거웠고, 이유도 없이 아픈 적이 많았다. 특히 부정적인 감정이 온몸의 기혈을 막아 피부에 아토피 증상이 생기고, 알 수 없는 두통과 불면증에 시달려야 했다. 그러다 보니 아침에 일어나면 몸이 천근만근이었다. 결국 마음의 문제가 몸에도 문제를 일으킨 것이다. 우리는 흔히 몸과 마음이 하나라는 것을 간과한다. 아픈 것은 그냥 아픈 거라고 생각하기 때문이다.

뇌의 양쪽 측면 부위에 말려 들어가 숨어 있는 섬엽insula이라는 기관이 있다. 이 기관은 몸의 감각 기관 중에서도 내장 기관들의 감각을 인지하는 데 필수적인 역할을 한다. 심장의 박동이나 호흡 및 위장 등 신체를 유지하는 데 반드시 필요한 기관을 유지할 수 있도록 조절하는 것이다.

그런데 뇌 과학자인 버드Bird와 실라니Silani의 연구에 따르면 섬엽의 발달 정도는 신체 감각뿐만 아니라 감정을 인식하는 능력과도 연관되어 있다고 한다.

또한 리처드 J. 데이비슨의 실험에 따르면, 자신의 감정을 잘 인식하지 못하는 사람에게 감정을 유발할 만한 상황을 만들어주었을 때 심장박동수와 피부 전도도와 같은 신체 증상의 변화에도 불구하고 감정의 변화는 느끼지 못했다고 한다. 이 실험의 결과를 뒤집어 생각해본다면 몸을 유심히 관찰함으로써 자신의 느끼지 못하는 감정의 변화를 찾을 수 있다는 뜻도 된다.

이렇듯 만약 몸이 원인 없이 불편한 증상에 시달린다는 것은 그 원인이 마음에 있을 수 있다. 마음이 아프다는 것을 몸의 증상을 통해 신호로 내보내는 것이다. 따라서 몸과 마음을 지배하는 부정적인 감정을 해결하지 않고서는 진정한 치유는 불가능하다.

어릴 적 가정환경으로 인해 생긴 부정적인 감정이 일상에 적잖은 부정적인 영향을 미침에도 불구하고 그 심각성을 깨닫지 못하고 있다가 마침내 몸에 이상에 오고 나서야 문제의 근원을 찾을 결심을 하게 되었다. 내면 성찰을 통한 생각과 감정의 정리가 필요한 시점이었다.

우리의 마음은 복잡하기 때문에 단순히 "이런 생각이 문제야" 하며 부정적인 감정을 쉽게 떨쳐버릴 수가 없다. 오히려 어떤 생각이나 감정을 떨치려고 하면 더더욱 그것에 집착하게 된다. 더군다나 몸에 이상을 가져올 정도로 부정적인 감정은 겉으로 드러나지 않는 경우도 있기 때문에 원인도 모른 채 불안과 낮은 자존감, 자기 비하, 신체적으로 불편한 증상 등을 안고 살게 되는 것이다.

그러나 복잡한 마음에 비해 몸이 보내는 신호는 명확하다. 원인이 없는 증상으로 몸이 불편하다면 마음을 살펴볼 필요가 있다. 그것을 통해 오랜 기간 동안 해결되지 않았던 문제를 해결할 기회를 얻을 수도 있다.

어머니의 삶을 알고 나서 나를 알게 되다

외할아버지는 외할머니인 첫째 부인이 아들을 못 낳는다는 이유로 아들을 얻기 위해 둘째 부인을 들였다. 계모 아래서 지내다 보니 자연스럽게 엄마는 남의 집 가정부 생활을 해야 했다. 이 집 저 집 떠돌아다니는 힘겨운 생활을 끝내고자 나이를 일곱 살이나 속인 아버지와 결혼했다.

그러나 안정적인 가정을 바랐던 기대와 달리 알코올 중독에 의처증까지 있던 아버지로 인해 결혼 생활이 너무 고달팠다. 어머니가 나를 임신했는데, 의처증이 심한 아버지는 자신의 아이가 아니라고 의심하기 시작했다. 임신한 어머니를 전혀 돌봐주지 않을 뿐만 아니라 도박, 술, 담배를 아예 달고 살았고 돈이라고는 노름빚뿐이었다. 무능한 아버지 대신 어머니는 식당에서 일하며 집안을 건사했는데, 임신한 몸으로 언 고기를 써는 것과 같은 고된 일도 마다하지 않았다.

결국 과도한 노동으로 인해 몸 상태가 좋지 않아 8개월 만에 나를 조산하게 됐다. 하지만 아버지는 병원에 오지 않았고, 어머니는 산후 조리는커녕 미역국도 제대로 먹지 못한 채 퇴원했다. 집으로 돌아왔지만 아버지가 방에 불조차 넣지 못하게 하며 어머니를 구박할 정도로 상황이 나빴다.

그럼에도 불구하고 인큐베이터에 있는 나를 살리기 위해 어머니는 식당 일을 계속했다. 이렇게 생활고에 시달려 늘 피곤한 어머니가 나를 살갑게 대할 여유가 없었고, 나는 부모의 사랑을 거의 받지 못한 채 자랄 수밖에 없었다. 더군다나 인큐베이터에서 5개월간 있다가 퇴원한 나를 보는 사람마다 '저 아이가 사람 구실을 제대로 하겠어' 하고 걱정할 정도였으니, 바쁜 어머니와 떨어져 지내는 시간이 많은 나는 항상 불안하고 초조할 수밖에 없었다.

하지만 언니와 나를 키우기 위해 어머니는 일을 손에서 놓을 수가 없었는데, 집에 돌아와서도 마늘을 까는 등 항상 일하던 모습이 기억에 남아 있다.

지금 돌이켜보면 어머니는 아이들을 어떻게든 키워야 한다는 것에만 집중할 뿐 사랑을 줄 여유가 없었던 것 같다. 그럴수록 나는 어머니의 사랑을 더욱 갈구하게 되었다. 아버지에게 거부당하고 어머니의 사랑도 제대로 받지 못한 상황에서 내가 나를 사랑할 수 없는 것은 어쩌면 당연했다. 외로움과 일에 치여 자식들에게 사랑한다는 표현조차 제대로 하지 못하는 어머니의 모습을 볼 때마다 나는 서운함을 감출 수 없었고, 나에 대한 무관심이 나로 하여금 스스로 가치 없는 사람으로 여기게 만들었다.

결국 스스로 내가 그렇다고 생각해버린 것이 잘못이었다. 나 스스로 사랑받지 못한 존재라고 생각하니 무엇을 해내겠다는 자신감도 없었고, 나는 아무것도 아니라고 단정하게 되었다. 내가 나를 외로움 속에 가두고 냉정한 시선으로 차갑게 내려다보았던 것이다. 자존감이 낮아지고 스스로를 비난하다 보니 부정적인 감정이 나를 사로잡게 되었다. 어린 시절에 내가 스스로 만든 마음이 부정의 감정의 원인이 되어버린 것이다.

이러한 감정의 원인을 없애기 위해서는 깊은 내면 성찰이 필요했다. 단순히 피상적으로 내가 느끼는 부정적인 감정을 살피는 것이 아니라 삶 전체를 되돌아봄으로써 문제의 근원을 찾아가는 것이다. 우리는 자신을 사로잡는 부정적인 감정의 원인을 밖에서 찾기 쉽다. 누구 때문에, 무엇 때문에, 시기가 좋지 않아서 등 핑계를 대곤 하는데, 그것은 자신에게 문제가 없다고 강변하고 싶은 마음이 만들어내는 것이다. 하지만 이런 방식의 일시적인 모면은 문제를 해결할 수 없을 뿐만 아니라 결국 더 악화시킬 뿐이다.

어떤 문제의 원인은 그 뿌리가 깊어서 겉으로는 큰 관련이 없어 보일 때도 있다. 때로는 아픈 기억에 다가가지 못하도록 자기 방어 기제가 작동하기도 한다. 자신의 내면을 거울을 들여다보듯이 자세히 보자. 보기 싫은 모습이라고 해서 외면하지 말고 바로 응시할 때만 문제를 해결할 수 있다.

나의 인간관계 속에는 항상 언니가 있었다

나는 어릴 때부터 결핍을 느낀 인정과 사랑에 대한 욕구를 나 자신을 몰아세우고 비판하는 일에 집중하는 것으로 해소했다. 그렇게 나를 단련시켜 남들보다 더 잘하는 것을 통해 조금이라도 관심을 받거나 인정받고 싶었기 때문이다.

그런데 이것이 나를 그토록 힘들게 한다는 것을 나를 돌아보면서 알게 되었다. 주변 사람들이 그동안 "너를 좀 너무 몰아세우지 말라"고 이야기했었지만, 사실 그 말을 들을 때는 그래야지 하면서도 막상 실천은 잘 안 되었다. 똑같은 일도 남들보다 두 배 더 신경을 쓰고 걱정을 해도 그 일에 대한 결과물이 잘 나올 때도 있었지만 오히려 그르칠 때도 많이 있었기 때문에 더 몰아세웠던 것 같다. 누가 지적하거나 당장 뭐라고 하는 것도 아닌데 반복해서 나 스스로를 채근하고 불안해했다.

그런데 이 오래된 나의 감정의 원인이 엄마 다음으로 가까웠던 언니와의 관계에서 왔다는 것을 내면성찰을 통해서 알게 되었다. 엄마가 너무 바빴기 때문에 언니는 나를 엇나가지 않게 해야겠다는 생각을 한 것 같았다. 나의 옷 입는 것, 친구들, 성적까지 하나씩 모두 신경을 썼고 하라는 것보다는 하지 말라는 것이 많았다.

한창 사춘기 때 너무 하지 말라는 것과 잘못했다는 것만을 거의 매일 듣다 보니 나는 나 스스로 내 생각에 갇혀버렸던 것 같다. 잘해도 당연한 거고 못하면 정말 잘못한 거라는 생각이 나를 대하는 방식으로 그때 자리 잡았다.

그런데 문제는 이때부터 나는 잘 못하는 사람, 하면 안 되는 사람, 해도 잘 안 되는 사람이 되어버려서 무슨 일을 하든 자신감이 없어졌다. 사람을 만날 때도 만나면 안 되는 사람인가 의심부터 하게 되고, 무슨 일을 할 때도 내가 할 수 있을까 두려움부터 앞섰다. 그리고 항상 더 잘해야겠다는 생각을 했고, 항상 부족하다는 생각에 시달려야 했다. 작은 실수라도 용납하지 못하고 나 자신을 다그쳤던 것이다.

이런 상태는 나이가 들어서도 별반 다를 것이 없었다. 인정과 사랑의 결핍에서 생긴 부정적인 감정이 나를 완벽주의자로 만들었는데, 그로 인한 부작용이 적지 않았다. 다른 사람이 조금이라도 불편한 기색을 보이면 불안했고, 그럴 때마다 일을 더 잘하려고 나를 몰아세우다 보니 쉽게 지치거나 오히려 일을 망치는 경우도 있었다.

나의 노력에 대한 칭찬으로 조금이나마 채워진 인정과 사랑에 대한 욕구가 결국 어쩌다 생긴 실수로 물거품이 되면, 오히려 자존감이 더 낮아지고 불안감만 커졌다. 성공에 대한 기쁨보다 실수에 대한 두려움이 커지게 되면서 부정적인 감정에 사로잡혀 일을 처리하는 데 지장을 주었다. 그리고는 일을 망친 나에 대한 자책과 후회가 나를 미워하게 되고 주변을 탓하는 악순환이 반복되었다.

나 자신이 그 감정을 객관적으로 보기 전까지는 그 감정의 반복된 패턴은 계속 되었다. 막연하게 그 감정이 나를 힘들게 한다고만 생각하고 있었지 정작 왜 그런 감정이 계속 되는지 그 뿌리를 몰랐기 때문에 나를 대하는 방식과 다른 사람을 대하는 방식이 바뀔 수 없었던 것 같다.

내면성찰을 하면서 반복되는 패턴의 감정이 언제부터였는지 왜 그랬는지 객관적으로 살펴보면서 그 감정의 굴레에서 서서히 벗어나게 되었다. 나를 힘들게 하는 감정을 분리시키고 해소하면서 나는 나를 대하는 방식이 저절로 변화하게 되었고 상대를 대하는 방식도 편안해졌다. 결국 자기 자신과 관계를 어떻게 맺고 있는지가 타인들을 어떻게 대하고 있는가에 큰 영향을 미치기 때문에 과거의 트라우마를 극복하지 못한다면 올바른 인간관계 형성을 기대할 수 없다.

나의 마음속 엄마와 언니를 떠나보내다

언니와 엄마와의 관계에서 만들어진 나의 생각과 감정 덩어리를 인지하지 못했다면 나는 아직도 그렇게 살고 있을 것이다. 그리고 반복되는 상처 속에서 내가 손해 본다는 느낌으로 살고 있을 것이다. 그런데 내면성찰을 통해서 엄마와 언니의 진짜 의도를 알고 나서는 감사했고, 나 스스로 부정적인 생각과 마음을 만들었다는 것을 알았다. 그들의 의도는 나를 상처주기 위함이었다기보다는 나를 잘되게 하기 위함이었다는 것이다. 나 자신이 만들어놓은 감정 덩어리와 생각 속에서 벗어나 보니 그때서야 상대의 진짜 의도를 파악할 수 있었다.

그리고 엄마와 언니가 표현하는 방식에 있어서 감정이 많이 상했었는데 그것도 이해가 갔던 것이 그들도 긍정적으로 표현하는 법을 몰랐었다는 것이다. 결국 나 스스로 담은 생각과 감정이 문제였다는 것을 알았다. 내 안의 쌓인 감정과 생각을 어느 정도 성찰하고 비우고 나니 내 마음속에 있는 색안경이 사라졌다.

그 색안경이 사라지기까지는 시간이 많이 필요했고 결코 쉽지만은 않았다. 내 안에 있는 감정들이 올라오면서 더 감정적으로 가족들뿐 아니라 다른 사람들과도 부딪치기도 했고 일부러 내가 더 표현을 한 적도 많았다. 억눌렸던 감정들이 나오는 과정이었던 것 같다.

그런데 이전과 차이점은 감정이 계속 상해 있는 것이 아니라 나 스스로를 돌아보고 성찰하는 과정에서 분명히 마음의 변화가 있었고 마음이 편해져 갔다. 특히 내면에서 왜 내가 이 감정이 계속해서 올라오는지에 대한 감정 비우기와 표현하기를 통해서 내 마음속 깊이 있는 원인을 찾아 없앨 수 있었다.

그래서 우리는 내면성찰을 통해 자신의 트라우마와 마주 서고 그것이 어떻게 자신을 대하는 태도를 형성하는지 면밀히 돌아볼 필요가 있다. 단지 현재 자신을 압박하는 강박적인 관념에만 집중해 그것을 버리려고 한다면, 근원적인 문제가 해결되지 않았기 때문에 결국 부정적인 감정에 다시 사로잡힐 수밖에 없는 것이다. 또한 과거의 문제를 알아내는 것만큼 그것이 현재 자신의 행동에 어떤 영향을 미치는지 살펴야 한다. 그래야 트라우마로부터 벗어날 때까지 어떤 행동을 주의해야 하고, 감정의 기복을 어떻게 다스려야 하는지 대책을 세울 수 있다.

과거의 아픈 기억과 마주 서는 것은 괴로운 일이다. 특히 트라우마의 경우 감정적인 자기 방어 기제로 인해 기억이 변형되거나 접근이 차단될 때도 있다. 이런 경우 과거로부터 상처를 받지 않으려고 기억을 봉인했지만 거기서부터 비롯되는 부정적인 감정의 영향은 여전하기 때문에 오히려 문제가 더욱 심각한 것이다. 뿐만 아니라 트라우마는 알아낸다고 해서 쉽게 떨쳐지는 감정이 아니다. 생각과 감정의 정리를 통해 자신과 화해도 꾸준히 해야 할 뿐만 아니라 현실의 관계도 회복해야 하는 지난한 과정이다.

하지만 시작하지 않으면 아무것도 할 수 없고, 상황은 더욱 나빠지기 쉽다. 일단 자신의 과거와 당당히 마주 서보자. 그리고 원래 내 안에 있던 긍정의 나를 만나보자. 그렇게 하고 나면 점점 변화하고 있는 나를 발견할 것이다.

내 안의 도깨비를 찾다

마인드 UP 교육을 받으면서 내면성찰을 하기 전까지는 내 안의 자존감 도둑, 강박증, 불안감, 방어막, 상처가 모두 도깨비였다는 사실을 몰랐다. 왜냐하면 그 도깨비와 하나 되어 도깨비 말을 반복해서 듣고 살았기 때문이다. 교육을 받기 전에는 부정적인 감정과 나를 힘들게 하는 감정들이 진짜라고 생각했었다.

그런데 내 안에 원래 있던 긍정성인 본성을 회복하고 나니 그 감정과 생각에 사로잡혀 산 삶들이 가짜였고 도깨비였다는 것을 아는 순간 조금 억울했다. 도깨비, 새벽에 도깨비가 나타나서 씨름을 밤새도록 했는데 아침에 일어나 보니 그것이 허상이었다는 것을 안 순간 '내가 왜 그랬을까?'라는 생각이 드는 것과 비슷하다.

내 안에 쌓여 있던 먼지 같은 감정들과 생각들을 하나씩 꺼내서 표현할수록 마음과 머리가 가벼워지는 것을 느꼈다. 내 안에 원래 있던 긍정성, 즉 본성이 회복된다는 것은 생각보다 더 놀라운 변화를 가지고 왔다. 긍정성이 드러나면서 마음이 편해졌을 뿐만 아니라 삶을 보는 시각 자체가 변화했다. 사람들의 시선, 말 한마디에 그렇게 예민하던 내가 그냥 지나치는 경우가 많아졌고 매사에 눈치보는 것도 없어졌다. 무슨 일을 할 때도 항상 부정적이고 자신감이 없었는데 이제는 무엇이든 하고 싶다는 생각으로 바뀌었다. 인생이 180도 변화한 것이다. 지금도 때때로 도깨비가 나타나지만 이제 그것에 속지 않을 만큼 긍정적인 마음이 커졌고 작은 것에 감사할 수 있는 내 마음에 나도 놀랍다.

내 안의 도깨비와 치열하게 싸우다

그런데 도깨비는 그렇게 쉽게 없어지지는 않았다. 처음에 나의 쌓인 감정들과 생각들을 비워내고 표현하는 과정에서 내가 내 기준대로 판단하고 상처를 받은 것까지는 이해가 갔지만 막상 또 상대나 그 사건을 떠올리면 화가 날 때도 많았다. 내 안에서 고정적으로 반응하는 감정들이 있었다. 분명히 예전보다는 그 도깨비가 약해졌지만 아직 싸움이 완전히 끝난 것은 아니었다.

그래서 나는 내면의 도깨비와 반복적으로 싸워야 했다. 그것이 정말 도깨비라는 것을 내가 확실하게 인지하고 완전히 놓기 전까지는 감정적으로 격해지기도 하고 여러 가지 감정들에 휩싸이기도 했다. 그리고 차라리 져버리고 싶은 생각이 들 때도 많았다.

한번은 매일 봐야 하는데 이유도 없이 싫은 사람이 있었다. 그 사람은 항상 상대방들에게 말을 나오는 대로 하는 스타일이었다. 본인이 항상 우위에 있어야 하고 조금이라도 자신에 대해서 누군가가 지적을 하면 방어하기에 바빴다. 처음부터 참 어려운 사람이라고 생각하고 거리를 두고 있다가 결정적인 순간부터 완전히 그 사람이 싫어졌다.

회사에서 외부교육과 관련해서 논의를 하던 중에 상사분이 6개월 정도 외부 교육을 받으러 다녀오면 어떠냐고 나에게 제안을 하셨다. 그런데 그 사람이 바로 "6개월은커녕 한 달도 못 버티고 나올 거야"라고 말을 하는 순간 나는 그 사람을 상대하고 싶지 않은 사람이라고 못 박아두고 유령처럼 대하기 시작했다. 매일 봐야 하지만 거의 말도 하지 않았고 눈도 마주치기가 싫었다. 그냥 내 인생에서 없는 사람이라고 생각했다.

그런데 그 마음 때문에 힘이 든 건 정작 나였다. 저 사람을 미워하면 안 된다는 것을 알면서도 자꾸 미워지는 마음이 들어 힘이 들었다. 내 인생의 전반을 지배해온 도깨비가 그리 쉽게 나가지는 않는 것이 당연했다.

그래서 다시 내면성찰에 들어가고 강사님과 상담도 했다. 그러면서 그 상대의 모습에서 어마어마한 내 도깨비를 발견했다. 초등학교 때 구구단을 배우면서, 이것도 못하냐는 식의 비아냥거림이 내 마음 깊숙이 자리 잡고 있었던 것이다. 그때 먹었던 나의 마음이 그 비슷한 비아냥거림을 들었을 때 바로 반응한 것이다. 그 도깨비의 목표는 나의 자존감을 떨어뜨리고 사람들이 하는 말을 꼬아서 듣도록 하는 것이었다. 그 도깨비를 안 순간 나는 반대로 행동하기 시작했고 그 상대에게 더 친절하게 대했다. 쉽지는 않았지만 시간이 지날수록 분명히 도깨비의 힘이 약해지고 있었고 또 사라지고 있었다.

내가 도깨비와 싸우면서 가장 많이 한 것이 바로 고백하는 것이었다. 나 스스로 이해가 되지 않는 부분들 그리고 상처가 되었던 것들은 아무리 스스로 싸우려고 해도 수용이 잘 안 되었다. 그래서 그럴 때는 강사님께 가서 나의 도깨비 이야기를 했다. 그러면 또 마음이 전환되고 객관적인 입장에서 분리가 되면서 그 감정들이 사라지는 것을 느낄 수 있었다. 마치 도둑이 있는데 도둑을 보고도 끙끙 앓다가 "도둑이야!" 외치면 누군가 와서 잡아가는 느낌이었다. 그러면서 마음이 더 빠르게 전환되고 내 안에서 긍정의 힘이 커져갔다. 내 안의 도깨비와 도둑을 키우지 않는 방법이 분명히 이곳에는 있었다.

나의 마음속 도깨비가 문제였다

내가 만들어놓은 생각의 틀에서 벗어나 보니 내가 얼마나 자기중심적으로 생각했는지 알게 되었다. 내가 상처받았고 내가 당했다고 생각했는데 그것이 아니었다. 상대가 나에게 잘해주었던 것은 기억하지 못하고 잘 못해주고 상처준 것만 깊이 기억하는 내 마음의 꼴에 문제가 있었다는 것을 알게 되었기 때문이다.

바로 나 자신의 내면에 눈을 돌렸을 때 상대를 보고 걸리는 마음이 바로 내 안의 도깨비라는 것을 알 때 인간관계의 해법은 풀어졌다. 상대에게 문제가 있다고 생각했을 때는 친구, 상사, 주변 모든 인연의 행동과 말투가 부정으로 다가와 나의 마음에 걸려서 마음의 문을 닫고 저 사람과는 거리를 두어야 한다는 틀을 만들어 방어막을 쳐왔다.

그러나 내 안에서 발견한 나를 반복적으로 힘들게 하는 도깨비를 찾은 순간 더 이상 사람들을 그렇게 대하지 않게 되었다. 인간관계에 대한 고민은 상대가 아닌 나 자신을 성찰하면서 저절로 해결이 되었다.

나는 점점 변화하고 있다

나는 원래 내가 긍정적인 사람이었고 유쾌한 사람이었다는 것을 잊고 살았던 것 같다.

마음을 성찰하는 프로그램에 참여하면서 내 몸이 왜 아픈지, 나의 인간관계가 왜 그렇게 되었는지 알게 되었다. 그전까지 나는 그 모든 원인을 밖에서 찾았는데, 오히려 문제의 뿌리는 내 안에 있었던 것이다. 어릴 적부터 쌓여온 부정적인 감정이 몸과 마음을 지배하고 있었다.

항상 문제가 생길 때마다 상대방에게 비난의 화살을 돌리던 내가 이제 내면으로 방향을 돌려 나를 돌아보고, 생각과 감정을 비워내며, 기억을 바로잡고 나니 몸과 마음이 편해졌다. 그런 과정을 통해 하루하루 삶 속에서 감사한 마음도 커지고 행복 지수도 높아졌다. 나의 내면에 집중하고, 생활 속에서 나를 성장시키는 시간들이 진정으로 나를 변하게 만들었다.

몸도 마음도 무너진 상황에서 문제를 해결하기 위해서는 내면성찰을 통해 문제의 뿌리를 발견해야 한다. 자신의 어린 시절부터 현재에 이르기까지 지금 느끼는 부정적인 감정의 원인을 곰곰이 되돌아보는 것이 그 출발인 것이다. 이렇게 원인을 찾고 난 다음에는 생각과 감정을 비워내고, 기억을 바로잡을 필요가 있다. 이때 더 이상 부정적인 감정에 휩싸이지 않도록 원래 내 안에 있는 긍정의 힘을 키워야 한다. 내면의 나와 마주하고, 표현하고, 나를 돌아보면서 나도 모르게 긍정적으로 변화하고 있는 것을 느낄 수 있다. 그리고 그렇게 어렵던 내 마음을 조절하는 것도 되어가고 있다.

내 안에서 문제의 원인을 찾으면 어떤 문제도 해결할 수 있다

현대인처럼 빠르고 변화가 많은 환경에서 지속적인 스트레스를 받다 보면 부정적인 감정에 사로잡혀 있으면서도 그것 자체를 인식하지 못할 수 있다. 늘 일상에서 마주치는 크고 작은 스트레스를 그 원인으로 생각함으로써 근원적인 치유에 이르지 못하고, 부정적인 감정이 쌓이고 쌓이다가 언젠가 폭발하게 되는 것이다. 나의 경우처럼 별다른 원인 없이 몸이 아프고 난 후에야 문제의 원인이 마음에 있을 수 있음을 짐작하게 될 수도 있다.

나 역시 나를 사랑하지 않는 것이 문제의 근원이었고, 그 원인을 밖에서 찾으려고 했다. 부정적인 감정은 인간관계와 나의 진로에 나쁜 영향을 주었다. 그리고 마음의 문제는 결국 몸까지 아프게 만들고 말았다. 나는 내면 돌아보기를 통해 문제의 원인이 어린 시절의 부정적인 감정이라는 것을 알아냈고, 생각과 감정을 비워내며, 기억을 바로잡도록 노력했다.

나만큼 혹은 나보다 더 힘들게 살아가는 분들이 자신 안에 있는 긍정의 마음을 다시 되찾아 순수했던 마음으로 행복하게 살 수 있기를 바라는 마음에서 내 경험과 방법을 공유하고 싶다. 사람마다 겪은 고통이 다르고 그것을 극복하기 위한 방법도 차이가 있을 수밖에 없다.

하지만 무엇보다 중요한 것은 자신의 마음과 몸이 보내는 신호를 알아채고 적절한 치료를 시작하는 것이다. 마음의 문제로 고통받고 있으면서도 정작 문제의 원인을 찾지 못했거나 이유도 없이 몸이 아파서 고생하는 분들이 나의 방법을 통해 몸과 마음을 치유하는 계기를 마련하기를 바란다.

임은희

많은 사람들에게 좋은 영향력을 주는 사람으로 변화시키는 그 순간, 가슴속 깊은 곳에서 나도 모르는 감동이 벅차오른다. 그 감동을 많은 사람들이 함께 느끼고 공유하면 얼마나 좋을까?
어릴 때부터 여러 나라 사람들과 소통을 하고 싶어서 통역사가 되는 것이 꿈이었다. 고등학교 때부터 언어라고 하면 너무 재미있었고 일본어를 시작으로 대학에서는 프랑스어와 영어를 전공했다. 안정적인 직업을 위해서 교사가 되려고 했지만 마음속에서 소통하고자 하는 열망은 사라지지 않았다. 그래서 대학원에서 평생교육으로 석사 학위도 따보고 여러 교육도 받아보았지만 '언젠가는 반드시 통역사가 되리라'는 꿈은 여전히 내 가슴속에 남아 있었다. 그런데 마인드 UP 교육을 만나고 나서 내가 바라는 소통이 언어로 하는 소통이 아닌 마음의 소통이라는 것을 알게 되었다.
지금까지 그렇게도 자기계발과 긍정과 관련된 서적을 읽어보고 나를 변화시키려고 했던 노력이 결국 나의 내면에 있었다는 것을 알게 되면서 내 인생은 긍정적으로 변하기 시작했다.
그래서 내 마음을 알고 다룰 줄 알아야 내가 지금 가지고 있는 삶의 문제가 해결된다는 것을 진심으로 알리고 싶어 이 책을 썼다. 나중에는 여러 가지 언어로 전 세계 사람들과 이 교육을 나누면서 강의를 하고 싶다.

chapter

3

부모는 자녀의 멘토

김진령

자녀에 대한 멘토링은 부모의 마음 바꾸기부터인 것이다. 상대의 마음을 바꾸는 것은 어렵지만 내 마음을 바꾸는 것은 불가능하지 않다. 완벽한 부모가 세상에 얼마나 있을까? 부모도 부모 역할이 처음이다. 그래서 시행착오를 겪으며 어제보다 더 성장한 오늘을 만들기 위해 노력하는 것이 부모 멘토이다. 결코 어려운 일이 아니므로 지금 이 순간, 사랑하는 자녀를 위해 멘토링을 시작해보자.

부모 멘토란

자식을 기르는 부모야말로 미래를 돌보는 사람이라는 것을
가슴속 깊이 새겨야 한다. 자식들이 조금씩 나아짐으로써
인류와 이 세계의 미래는 조금씩 진보하기 때문이다.

칸트

최근 교육계에 핫(Hot)한 키워드 중 하나가 '4차 산업혁명과 자녀교육, 부모교육'이다. 이 주제로 검색을 하면 엄청난 양의 정보들이 검색되는데, 이는 그만큼 미래의 변화에 대비해 자녀를 어떻게 교육시킬지 고민하는 부모들이 많다는 것을 보여주는 것이라 할 수 있겠다.

하지만 불과 3~4년 전만 해도 '4차 산업혁명'이라는 단어는 일반 사람들에게는 낯선 단어였다. 인터넷 검색을 하면 4차 산업혁명과 관련한 교육에 대한 자료는 그리 많지 않았다. 그래서 이렇게 빠르게 교육과 밀접한 연관성을 가지며 교육계에 새로운 바람을 일으킬 것이라고는 생각지도 못했다. 나 역시 부모로서, 그리고 강사로서 관심을 가지고 본격적으로 교육에 적용하기 시작한 것이 불과 3년 정도이다.

3년 전 부모교육에서 우리 자녀들의 세대는 변화의 속도가 빠르고,

부모들이 살았던 지식 정보 시대에 필요했던 역량과 다르게 인공지능이 할 수 없는 인간 고유의 역량을 길러주어야 한다고 했을 때 대다수는 맞는 말이지만 당장은 일어나지 않을 미래의 일이라는 생각이 든다고 했다. 그런데 작년부터 워낙 이슈가 되고 있어서 그런지 급변하는 미래를 대비해 어떻게 자녀교육을 해야 할지에 귀 기울이는 부모들이 늘고 있다.

실제로 '4차 산업혁명'이라는 단어는 TV, 인터넷 및 거리에 널려 있는 수많은 광고를 통해 매일 보고 들을 수 있을 정도로 익숙한 단어가 되었고, 클라우드 서비스나 사물인터넷IOT의 상용화로 남녀노소 불문하고 많은 사람들이 실생활에서 체감하고 있다.

미래사회에 대한 사람들의 관심을 반영하듯 얼마 전에는 사람과 꼭 닮은 인공지능 로봇을 주제로 한 드라마가 공영방송에서 인기리에 방영될 정도이다. 미래의 변화가 생생한 이미지로 사람들에게 다가와 있는 것이다.

한편 향후 5년 내 전 세계 일자리 714만 개가 소멸되고, 2025년이면 국내 노동자 70%가 일자리를 잃게 될 것이며, 현재 8세 자녀 중 신新 직업을 갖게 될 비율이 65%에 이른다는 한국고용정보원 자료는 미래에 대한 막연한 동경과 기대감보다 불안감을 갖게 한다. 아마 이 때문에 부모들이 자녀교육에 대해 고민하는 것이 아닌가 싶다.

변화의 물결 속에서 내 자녀가 어떻게 살아남을 것인가를 염려하며 교육열을 불태운 부모라면 정보빅데이터를 잘 다루고, 코딩을 할 줄 알고, AI가 할 수 없는 창의적인 직업을 가지면 될 거라는 1차적인 결론에 도달했을 수 있다. 1년 전 특성화 고등학교에 아들을 보내는 나의 친구는 "앞으로는 코딩을 할 줄 알아야 한다. 아이를 코딩을 가르치는 학원에 보내고 싶은데 너무 멀어서 못 보내고 있다. 학교에서 코딩을 가르쳤으면 좋겠다"라고 고민하기도 했다.

하지만 좀 더 관심을 갖고 강연장을 찾거나 관련 서적을 읽은 부모는 그것이 정답이 아니라는 것을 안다. 전문가들과 4차 산업혁명 관련 서적에서는 오히려 인재가 갖추어야 할 역량으로 '인성'을 꼽고 있다. 이제 여러 분야가 융합하여 새로운 창의적 결과물을 만들어내는 미래에는 '협업과 배려, 소통' 등의 인성 덕목이 무엇보다 필요하기 때문이다. 한마디로 '인성교육'이 더욱 강조되고 있는 것이다.

이 말은 산업시대의 끝자락을 산 부모 세대가 미래의 변화된 사회에 적응할 수 있는 자녀를 키운다는 것이 결코 어려운 일이 아니라는 희망적인 말이기도 하다. 빅데이터와 코딩을 가르칠 수는 없어도 인성교육은 그동안 늘 해오던 것이니 말이다. 그래서 접근하기가 어려울 거라는 생각에서 벗어나서 미래를 이끌어 나갈 우리 자녀의 인성교육을 담당하는 멘토의 역할을 자청해보자고 권하고 싶다.

부모 멘토란 미래지향적 정보와 지식이 필요한 것이 아니다. 단지 부모가 자녀를 '내 아이'라고 생각하며 지시하고 일방적으로 하라는 대로 따르길 원하는 것에서 벗어나 아이 스스로 자신의 삶을 설계하도록 안내하는 안내자의 역할을 하는 것이라고 생각한다. 한마디로 부모와 자녀가 멘토와 멘티의 관계를 형성하라는 것이다.

멘토mentor의 사전적 의미는 현명하고 신뢰할 수 있는 상담 상대, 지도자, 스승, 선생의 의미이다. 경험과 지식이 많은 멘토는 상대자인 멘티mentee의 스승 역할을 하며, 지도와 조언으로 멘티의 실력과 잠재력을 향상시키는데 이것을 멘토링mentoring이라고 한다.

부모 멘토란 자녀에게 말로만 이래라 저래라 하는 것이 아니라 먼저 경험하고 실행한 것을 토대로 안내자의 역할을 하는 것이다. 부모는 해보지도 않고, 할 생각도 없으면서, 자기가 바라는 것을 자녀에게만 강요하는 것은 옳지 않다. 자녀의 마음을 제대로 읽고 자녀가 바라는 대로 이끌어가고 지지해주며 가이드를 하는 것이 부모 멘토의 역할이다.

쉽게 예를 들어 말하자면 당신의 자녀가 서울에서 땅끝마을 해남을 찾아간다고 가정해보자. 이럴 때 자녀에게 지도를 보면서 또는 온라인에서 길 찾기 서비스를 보면서 서울에서 해남의 땅끝마을까지 가는 길을 알려주는 것이 아니라, 서울에서 땅끝마을까지 직접 가보고 알려 주어야 한다는 것이다.

주의할 점은 자녀에게 내가 최단거리로 가서 성공했다고 그 길이 옳다며 강요한다거나, 내가 돌고 돌아서 고생한 끝에 도착했기 때문에 그 길을 피해서 다른 길로 가라고 몰면 안 된다.

멘티인 자녀의 눈높이에 맞게, 그 입장에서 길 안내를 해주고, 힘들어 할 때는 조언과 상담을 해주어야 한다. 자녀들은 뭐가 좋고, 뭐가 좋지 않은지를 판단하기가 어렵다. 그것을 배우는 과정에 있기 때문이다. 그래서 부모가 일방적으로 제시하지 말고 상호 간 충분한 대화와 이해를 통해 받아들이도록 해야 한다.

왜 내 자녀에게는 멘토링이 어려운가

인생 최고의 행복은
우리가 사랑을 받고 있다는 확신이다.
빅토르 위고

사랑하는 자녀에게 최고의 멘토가 되고 싶은 것이 부모의 마음일 것이다. 하지만 마음과 다르게 감정이 표출되고, 행동이 뜻대로 되지 않는다. 왜일까? 잘하고 싶지만 쉽지 않은 이유는 함께 살아온 시간 때문이다. 그 시간 속에 담아놓은 감정과 생각들이 아이를 바라보는 부모의 마음이 되었다. 그런데 그 마음이 긍정적이기도 하고, 부정적이기도 해서 내가 자식의 부정적인 면을 마음에 많이 담아두었다면 잘해줘야지 하는 마음이 있더라도 내 의지와 상관없이 사소한 행동 하나에도 언짢게 반응하고 큰 소리를 치게 되는 것이다.

부모교육을 진행하다가 만난 한 어머니(A)는 자녀에게 '욱'하고 올라오는 감정을 누르지 못하고 화를 내는 자신 때문에 자녀와의 관계가 나빠지는 것을 고민하고 있었다. 고민의 내용은 이러했다. 인터넷 게

임 중독이었다가 치료를 받고 좋아진 자녀가 숙제를 하려고 컴퓨터 앞에 앉아 있으면 혹시나 또 게임을 하는 건 아닌가 하는 생각이 들면서 자녀가 컴퓨터를 끌 때까지 계속 안절부절 못하며 주시하게 된다고 했다. 그러다가 게임 비슷한 화면이라도 보고 있으면 정확히 무엇을 보는지, 왜 그 화면을 보고 있었는지 묻지도 않고 짜증이 확 나면서 바로 "너 또 게임하니?"라는 말을 해버려 자녀와의 관계를 악화시키는 결과를 낳는다고 했다.

인터넷 중독이 아니더라도 스마트폰과 PC 사용이 일상화된 지금, 부모라면 누구나 한번쯤 겪어봄직한 사례이다. 프로그램을 통해 A는 아이가 인터넷 중독이었다는 기억이 자신의 마음에 힘들고 짜증나는 감정과 생각들을 쌓아놓았고, 그 마음으로 자녀를 보니 있는 그대로 보기보다는 쌓아둔 마음으로 보게 되어 짜증 섞인 말이 나간다는 것을 스스로 알게 되었다. 이 사례를 정리해서 말하자면 부모가 과거에 담아놓은 마음이 현재의 생각과 행동을 지배하며 표현됨으로써 자녀에게 부정적인 영향을 준다는 것이다.

대부분의 부모들이 자신의 자녀를 '너는 이런 아이, 너는 이런 것은 좋아하고, 저런 것은 싫어하는 아이' 등으로 판단하고 규정지어버리는 실수를 하고 있다. 이는 자녀의 잠재된 능력을 한정짓는 결과를 낳는다. 이런 과오를 범하지 않으려면 내가 자녀의 모습을 어떻게 마음에 담아놓았는지 자신의 마음을 성찰해 보아야 한다. 부모인 자기의 삶을 돌아보고, 나의 기억 속, 그리고 현재 마음 상태를 이해하는 것이 우선이다. 그래서 왜곡된 감정과 생각에서 벗어나야 자녀를 있는 그대로 볼 수 있다.

자녀의 성장 가능성은 부모인 내 믿음의 크기와 같다. 자녀에 대한 불안한 마음이 크면 클수록 자녀를 바라보는 눈길이 걱정과 염려로 가득할 수밖에 없다. 부모의 불안이 자녀의 그대로를 인정하지 않게 되면서 자녀의 무한한 잠재력을 잃게 하고 가능성을 눈감아버리게 하는 것이다. 반대로 자녀를 믿는 마음은 자녀가 안정적인 지지와 격려 속에서 마음껏 타고난 재능을 펼칠 수 있는 기회를 마련해준다. 실패도 하나의 과정으로 받아들이며 자신의 가능성을 키우고, 자신의 삶을 주도적으로 사는 사람으로 성장하게 하는 것이다.

생각해보면 나 역시 어리석은 과정을 거쳐 지금의 나로 성장해왔음을 고백하지 않을 수 없다. '너는 아직 어려서 잘 모른다, 너를 위한 것이다, 너를 사랑해서 하는 말이니 받아들여야 한다'고 하며 아이의 입장이 아니라 내 입장에서 강요하기 일쑤였으니 말이다. 그리고 아이가 실수를 하면 아이니까 실수를 할 수도 있는데 관대하게 보지 못하고 과하게 화를 내기도 했었다.

나의 이런 행동의 원인은 내 삶을 성찰하면서 알 수 있었다. 모범적으로 잘 살아왔다는 지극히 주관적인 아상我想은 '옳고, 그름'에 대한 고정관념을 만들어 스스로를 가두었다. 그리고 그 생각을 잣대로 들이대며 상대의 의견을 인정하지 못하고 내 주장을 밀어붙이거나 무시하며 내 방식으로 처리해버리고 살았던 것이었다. 그러니 아이의 입장보다는 내 입장에서 이래라 저래라 했던 것이다. 또 아이의 실수를 관대하게 봐주지 못했던 이유를 나의 어릴 적 모습에서 찾을 수 있었다. 나는 어릴 적부터 부모님과 선생님, 주변 어른들께 무엇이든 잘한다고 인정받고 싶었다. 이렇게 어릴 적부터 스스로를 엄격하게 채찍질하며 나 자신의 실수에 대해서조차 관대하지 못했기 때문에 아이의 실수를 용납하지 못했던 것이었다.

성찰을 통해 있는 그대로의 나를 바라보며 문제의 원인이 부모인 나에게 있었다는 것을 수용하게 되었다. 그러면서 지금 당장, 그리고 나부터 달라져야 나뿐 아니라 자녀가 행복하게 살겠다는 생각이 들었다. 변화의 대상이 자녀가 아니라 부모 자신이라는 것으로 바뀌자 자녀를 향했던 눈이 내 쪽으로 돌아오며 마음의 여유를 갖고 아이가 스스로 할 수 있을 때까지 믿고 기다려줄 수 있게 되었다.

부모교육을 통해 긍정적으로 변화한 사례들과 나의 경험을 바탕으로 자녀가 변하기를 바란다면 부모가 먼저 변해야 한다는 결론에 도달했다. 부모가 부정적인 생각과 감정을 긍정적으로 전환하면 자녀에게 더 이상 부정적인 영향을 주지 않기 때문에 자녀는 행복하게 자신의 잠재력을 펼치며 살게 될 것이다. 부모와 자녀가 각각 두 개의 톱니바퀴라고 가정할 때 부모가 긍정의 톱니바퀴를 돌리면 자녀의 긍정의 톱니바퀴가 돌아가고, 부모가 부정의 톱니바퀴를 돌리면 자녀의 부정의 톱니바퀴가 돌아가는 이치이다.

이처럼 자녀에 대한 멘토링은 부모의 마음 바꾸기부터인 것이다. 상대의 마음을 바꾸는 것은 어렵지만 내 마음을 바꾸는 것은 불가능하지 않다. 완벽한 부모가 세상에 얼마나 있을까? 부모도 부모 역할이 처음이다. 그래서 시행착오를 겪으며 어제보다 더 성장한 오늘을 만들기 위해 노력하는 것이 부모 멘토이다. 결코 어려운 일이 아니므로 지금 이 순간, 사랑하는 자녀를 위해 멘토링을 시작해보자.

마음이 대물림된다

자녀들은 대부분 잘 알지 못하지만 부모들은
자녀들이 자신을 아주 많이 닮았다는 것을 알고 있다.
마하트마 간디

내 마음이지만 내 마음대로 안 되는 이유는 살아오면서 어떤 것들을 마음에 담아 두었는가에 따라서이기도 하지만 그렇게 담을 수밖에 없도록 만들어진 '마음 형성 시스템'이 근본적인 원인이기도 하다. 쉽게 말하자면 원부모로부터 유전된 마음이 바탕이 되어 어린 시절 애착관계를 통해 핵심적인 마음을 형성하고, 그 핵심적인 마음이 다시 2차, 3차로 수많은 마음들을 파생시키는데 이것이 마음을 형성하는 시스템인 것이다.

이 말은 부모로부터 어떤 마음이 유전되었는지에 따라 마음을 형성하는 시스템이 결정된다는 것이다. 그래서 내 부모님처럼 하지 않겠다고 해놓고 어느 땐가 보면 부모님과 똑같이 하고 있는 나를 발견하게 된다. 부모인 나의 애착관계가 원부모로부터 유전된 것이기 때문이다.

이를 미루어 보면 내 자녀의 애착관계 또한 나와 크게 다르지 않을 것이라는 것을 예측할 수 있다.

그래서 나의 마음을 알면 자녀의 마음이 보인다. 특히 자녀를 임신했을 때부터 유아기까지 부모가 어떤 마음을 가졌는지를 생각해보면 자녀의 핵심적인 마음이 어떻게 형성되었는지를 알 수 있다. 지금 자녀의 마음은 부모로부터 유전된 마음과, 살면서 자신이 먹은 마음(부모의 마음이 근간이 되어 파생된 마음)으로 이루어져 있을 테니 말이다. 이것을 마음의 대물림이라고 한다.

마음의 대물림은 수많은 연구에서 이미 밝혀진 바 있다. 1994년에 SRCDSociety for in child development는 3세대에 걸친 애착의 안정성과 전이를 조사한 결과 임신 기간 중 측정한 어머니의 애착 유형과 태어난 아기의 애착 유형이 81% 일치하고, 친정어머니의 애착 유형은 75% 일치한다고 발표하였다. 아이가 태어날 때 이미 부모의 외적인 모습뿐 아니라 내적인 모습 또한 닮은꼴을 하고 있다는 것을 알 수 있다.

이러한 부모와 아이 간의 애착관계는 특히 생후 1년 동안이 가장 중요한데 이 시기 부모와 형성하는 애착관계는 아이의 인생에서 맺는 모든 대인관계에 영향을 준다. 초기 애착관계에서 아이가 부모에게 신뢰감과 지지를 받았다면 아이는 성인이 되어서도 타인과 긍정적인 신뢰관계를 형성할 수 있다. 하지만 불안정한 애착관계를 형성했다면 타인과 원만한 신뢰관계를 형성하는 데 어려움을 겪게 된다.

부모의 어린 시절 불안정한 애착관계가 자녀에게 어떤 영향을 주는지 부모교육에 참여한 또 다른 어머니(B)의 사례를 통해 이야기해보고자 한다. B는 자녀가 우는 모습을 보면 가서 달래주는 것이 당연한데 생각과 달리 짜증이 나면서 그냥 우는 아이를 바라보거나 울음을 그치라고 소리치며 화를 내게 된다고 한다. 그러고 나서 뒤늦게 아이에게 미안한 마음이 몰려들어 자신을 자책하는데 매번 이런 상황이 반복되어 괴롭다고 했다.

프로그램 중 원부모와의 인터뷰를 통해 어린 시절 부모와의 관계를 알아보는 시간이 있는데 B가 인터뷰해온 내용에서 그 원인을 찾게 되었다. B는 유아기에 장사를 하느라 바쁜 친정어머니로 인해 충분한 보살핌을 받지 못했다. 손님을 맞느라 바쁜 친정어머니는 아이가 울어도 바로 달려와 배고픔을 채워주거나 기저귀를 갈아줄 수 없었고, 이로 인해 평생 미안한 마음을 갖게 되었지만 그동안 직접 B에게 미안하다는 말을 하지는 못했다고 한다. B는 인터뷰를 하면서 친정어머니로부터 "그때 미안했다"는 말을 듣고 자신도 모르게 한참 동안 눈물이 흐르며 마음에 응어리진 어떤 것이 풀리는 것을 느꼈다고 했다.

B가 우는 아이를 달래지 못하고 오히려 화를 냈던 이유가 어린 시절의 상처가 치유되지 않은 채 그대로 B의 내면에 남아 있었기 때문이었다는 것을 알 수 있었다. 돌봄을 받지 못해 상처받은 어린 B는 자신이 부모로부터 공감받지 못했던 것처럼 아이를 공감해주지 못했고, 어린 시절에 해결되지 않은 채 남아 있던 내면아이의 상처는 고스란히 자녀에게 짜증으로, 때로는 불같은 화로 표현되며 우는 자녀에게 성숙하지 못한 태도를 보일 수밖에 없었던 것이다.

오랫동안 묻어둔 상처를 치유하지 않으면 이렇듯 자신의 의지와 상관없이 어른이 되어도 어른답게 행동하지 못한다. 그래서 자신의 삶을 되돌아보고 성찰할 필요가 있다. 상처받은 내면아이를 치유할 수 있는 사람은 자신밖에 없다. B는 그때 그 시절 고군분투했던 친정어머니의 삶과 서툴렀던 육아 방식을 이해하고 용서했다. 사실 친정어머니를 용서한 듯하나 상처받았다는 그 마음을 놓지 않고 힘들게 살아온 나 자신을 이해하고 용서한 것이다. 내면에서 이루어진 이해와 용서는 우는 아이를 달랠 수 없었던 B 자신의 잘못된 행동에 대해서도 너그러운 마음을 갖게 했다. 자책감으로 이어졌던 지난날의 잘못을 인정하고, 친정어머니와의 애착관계에서 자신이 받은 상처를 그대로 아이에게 대물림하고 있다는 것을 직시하면서 다시는 되풀이하지 않아야겠다는 각오를 다졌다.

B의 경우가 아니더라도 우리는 나 자신의 삶과 주변 사람들의 삶에서 자녀가 부모의 말투, 표정, 행동 하나하나, 아주 세밀한 부분까지 따라하는 모습을 보며 놀라곤 한다. 소꿉놀이를 하던 자녀의 모습을 떠올려보자. 부모의 행동을 그대로 재현하고 있던 아이의 모습을 보며 민망한 적은 없었는지……. '자식은 부모의 거울'이라는 말이 실감나는 순간이었을 것이다.

이렇듯 부모는 자녀가 자라는 가장 중요한 환경이다. 내 자녀에게 원하는 것이 있다면 입으로 말하기 전에 행동으로 보여주도록 하자. 그러면 곧 자녀가 스스로 따라하는 모습을 보일 것이다. 자녀와 함께하면서 자녀의 마음과 내 마음이 통하고 서로 눈빛만으로도 신뢰를 표현할 수 있는 사이가 되면 이보다 더 좋은 멘토는 필요치 않을 것이다. 사랑하고 믿어주는 부모와 자녀 사이가 되었을 때 자녀는 무한한 꿈을 품고 그 꿈을 향해 비상할 것이다.

자녀 양육에 대한 정답은 없지만 부모의 양육 방식에 따라 아이가 달라진다는 것은 분명한 사실이다. 부모는 자녀에게 내재되어 있는 것을 꺼내어 쓸 수 있도록 돕는 역할만 해도 충분하다. 자녀가 스스로 좋아하는 것을 찾아서 탐색하고 모험을 즐기고, 그 속에서 세상을 배워가고 자신의 색깔을 찾도록 하면 된다.

부모의 욕심으로 많은 것을 주입하고 채근하지 말자. 자녀가 책을 읽지 않고, 공부를 하지 않고, 핸드폰만 봐서 그것이 불만이라면 부모가 먼저 책을 읽고, 공부를 하고, 핸드폰을 손에서 놓아야 한다. 우리 부모들이 숱하게 들어서 알고 있는 얘기지만 행동으로 옮겨서 자녀가 배우도록 하기까지에는 부모들 스스로 의지력을 갖고, 꾸준하게 노력해야 할 것이다. 매 순간 긍정의 버저buzzer를 눌러 긍정적인 메시지를 전하도록 하자.

부모의 변화는 사랑이다

내가 수천 번도 넘게 말했지만, 이 자리에서 한 번 더 말하고 싶다.
세상에서 부모가 되는 일보다 더 중요한 직업은 없다.
오프라 윈프리

"도대체 누굴 닮아서 저러는지 모르겠다."

부모라면 자녀의 행동을 보고 한 번쯤 해보는 말이다. 사실은 자신과 닮은 모습이라는 것을 알기에 못마땅해서, 그리고 너는 좀 다르게 자랐으면 했는데 왜 이렇게 닮은 거냐고 넋두리하듯 하는 말일 것이다.

그런데 이런 속상한 마음을 어떻게 표현하고 있는지 생각해볼 필요가 있다. "엄마(또는 아빠)가 스스로도 마음에 들지 않는 모습이 있는데 네가 똑같이 해서 화가 나는구나. 엄마(또는 아빠)가 그런 말과 행동을 해서 안 좋았던 경험이 있으니 너는 안 그랬으면 좋겠다"라고 솔직하게 이야기 하는가, 아니면 전후 설명 없이 욱하고 올라오는 마음에 큰 소리를 내는가? 아마 후자의 경험을 많이 했을 것이다.

이렇게 되풀이 되는 상황에서 벗어나기 위해 변화가 필요하다.

우선적으로 내 눈에 마땅치 않은 자녀의 말과 행동에 대해서 하나씩 따져보고 이해할 필요가 있다. 왜 자녀를 너그럽게 봐주지 못하는 걸까? 아이라서 실수할 수도, 잘못할 수도 있지 않은가? 제삼자의 시각에서 보면 충분히 너그럽게 이해하고 받아줄 수 있을 것 같은데 잘 안 된다. 그 이유는 자녀의 모습이 내 모습이기 때문이다.

마음이 대물림되어 자식이 보여주는 모습이 내 모습이라는 것을 알았다고 해도 나의 긍정적인 모습을 닮으면 좋고, 부정적인 모습을 닮으면 보기 싫은 것이다. 그래서 나조차 싫은 내 모습을 자녀에게서 보면 밀어내고, 거부하고, 부정하게 된다. 사실은 있는 그대로의 내 모습을 부정하는 것이다. 자녀가 태어날 때 누구로부터 유전형질을 받았는지를 생각하면 자녀를 탓할 수 없을 텐데 말이다. 자녀에게 부모인 나의 마음을 그대로 대물림해주었기 때문에 자녀와 부모는 하나의 마음뿌리를 갖고 있는데, 상대성을 가지고 나의 마음과 자녀의 마음을 따로 보고 있다. 그래서 잘못한 일이 자녀 탓이고 자녀가 변해야 한다고 생각하며 계속해서 잔소리하고 지적하게 된다.

하지만 자녀를 키우면서 부모가 느끼는 공통점. 그것은 '내 자식이지만 내 마음대로 안 된다'이다. 당연하다. 나도 내가 마음먹은 대로 못하면서 자녀를 어떻게 내 마음대로 할 수 있을까? 그래서 부모가 먼저 달라져야 한다. 현재 내 마음대로 되지 않는 습관, 말투, 행동, 마음 씀씀이 등의 원인을 찾아 해결하고 변해야 한다.

원인을 알기 위한 첫 번째는 내가 도대체 왜 그런 것들을 갖게 되었는지 찾는 것이다. 이 과정은 앞에서 언급한 바 있는 부모로부터 유전

받은 마음이 근간이 되어 형성된 핵심적인 마음이 어떤 2차, 3차의 마음을 파생시켰는가를 살펴보는 단계로, 현재 '나'라는 사람을 이루고 있는 생각, 감정, 가치관, 신념 등이 어떻게, 어떤 계기로 만들어졌는지 알 수 있다.

살아온 삶을 되돌아보기

나의 경우를 예로 들자면, 나는 공부를 썩 잘하지는 않았지만 항상 학구열이 있었다. 그래서 대학을 졸업하자마자 대학원에 진학해서 공부를 이어나갔고, 논문을 준비하던 중에 결혼을 해서 아이를 낳았다. 하지만 나는 오로지 공부를 통해 무언가를 이루어내야겠다는 생각이 강해서 길지는 않았지만 논문 준비를 위해 돌도 안 된 아이와 남편을 두고 외국에 나가 있을 정도로 앞만 보고 달렸다.

둘째 아이 임신 8개월 때는 논문 심사를 코앞에 두고 독감에 걸렸는데 약도 먹지 못한 채 잠깐씩 눈을 붙이며 하루에 겨우 3시간 남짓 자면서 논문을 쓰기도 했다. 그렇게 해서 졸업을 하고 대학 강단에 섰다. 여전히 나는 열심히 강의 준비와 자기계발에 시간을 투자했다. 내 힘이 닫는 대로 가족에게 신경을 쓴다고 생각하면서…… .

그러던 어느 날, 남편의 한마디에 도끼로 머리를 얻어맞은 것처럼 충격을 받았다.

"당신의 욕심은 한도 끝도 없어. 하지만 더 이상은 아닌 것 같아."

충격의 순간 이후, '내가 뭘 잘못한 건데? 난 열심히 살았고, 남편도 아이들도 사랑하는데……' 하며 잘못한 것이 뭔지도 모르겠고 인정도 하고 싶지 않았다.

내 삶의 모든 것이 뒤죽박죽 혼란스러웠다. 후회와 자책만 몰려와서 나를 찔러댔다. 그래서 잠깐 멈추고 나를 돌아보는 시간을 갖기로 했다. 남편과 아이들이 왜 나 때문에 힘들다는 건지 알고 싶었다. 내 삶에서 가장 중요하다고 생각했던 사람들을 나로 인해 힘들게 하고 싶지 않았다.

그래서 살아온 삶을 찬찬히 돌아보며 문제의 원인을 찾고자 했다. 지난 시간을 돌아보며 엄마가 될 준비를 미처 하기도 전에 엄마가 되어버린, 실수투성이의 나밖에 모르는 철부지 엄마를 만날 수 있었다. 어떤 엄마가 되어야 할지 미리 생각하고 엄마로서의 가치관을 정립해야 할 임신 기간에도 나의 일에만 몰두했던 철없던 나. 하지만 그 당시 나름대로 엄마의 상想을 그리고는 있었다. 내가 꿈꾸고, 보여주고 싶었던 엄마의 모습은 전문가로서 자리매김한 당당하고 멋진 엄마였다. 그래서 태교도 소홀히 하지 않아야겠다고 생각하고 태교음악도 듣고, 태아에게 이야기도 많이 들려주며 예쁘고 좋은 것만 보고 먹으려고 노력했다. 하지만 중요한 건 그런 것이 아니라 엄마로서, 엄마답게 아이를 맞을 마음의 준비였던 것인데 그것을 소홀히 했던 것이다.

일과 가정 간의 균형을 이루지 못하고 한쪽으로 치우쳤던 것 또한 가족들을 힘들게 한 원인이었다. 학위를 받고 대학에서 강의를 시작하며 이제 안정적인 삶을 꾸릴 수 있을 거라고 생각했지만, 이후로도 내가 넘어야 할 산들은 계속해서 나를 시간에 쫓기는 삶으로 몰아세웠다.

들어오는 일을 줄일 수 있었으나 내 욕심에 그렇게 하지 않았다. 밥 먹는 시간이 아까워 한 끼 밥이 알약으로 개발되어 나왔으면 좋겠다고 생각할 정도로 일에 대한 욕심이 컸다. 결국 과한 업무는 가족관계에 있어 걸림돌이 되었다. 쉽게 지쳐 짜증이 많아졌고, 조급하다 보니 기다려주거나 상대를 편하게 포용해줄 수 없었다. 아이들은 내 눈치를 보았고, 원하는 것이 있으면 엄마인 나보다는 외할머니를 찾았다. 입장을 바꾸어 내가 아이라면 우리 엄마가 어떤 사람이길 원할지 생각해보니 아이의 마음이 이해된다.

결혼을 하고 아이가 태어났는데도 이전과 똑같은 삶을 그대로 유지하고 있던 그 시절을 돌아보며 아이들에게 미안한 마음이 들었다. 나는 당시 초등학교 3학년이였던 큰아이와 이제 겨우 5살이 된 둘째 아이 앞에서 충분한 사랑을 주지 못해 미안한 마음을 있는 그대로 말했다. 아이들의 대답은 나의 가슴을 찡하게 만들었다. "괜찮아요, 엄마. 우리는 엄마를 사랑하니까요. 그리고 앞으로는 엄마가 우리를 사랑하는 것보다 더 많이 엄마를 사랑해줄게요. 힘들어 하지 마세요."

기억 속에 저장된 감정, 관념, 욕구 찾기 : 원인 찾기

처음 삶을 성찰하던 그때까지만 해도 내 모습은 우울하고, 지치고, 초라하고, 억울하고, 혼란스러워서 자포자기 상태에 이른 실패자의 모습이었다. 내 모습이 왜 이렇게 된 건지, 아무튼 마음에 들지 않았다. 화가 나고 모든 것이 용서가 안 됐다. 이런 모습이 되기 위해 그렇게 열심히 산 것이 아닌데, 언제부터 이런 모습으로 변했는지 알고 싶었다.

그래서 어린 시절부터 내가 살아온 삶을 쭉 떠올려서 하나씩 문제의 퍼즐 조각을 찾아냈다. 학구열이 높았던 이유는 부모님의 삶에서 찾아낼 수 있었다.

우리 아버지는 할아버지의 선거 낙마와 서울로의 상경, 거듭된 사업 실패로 군대를 제대할 시점부터 장남으로서 부모님과 8남매인 가족의 생계를 위해 공부를 하지 못하고 일만 하셨다. 노점에서 야채를 판 적도 있을 정도로 어려운 살림을 꾸려야 했다고 한다. 나는 자라는 내내 약주만 드시면, 공부를 포기할 수밖에 없었던 아버지의 삶에 관한 얘기를 들었다.

그리고 어머니 또한 동생을 돌보라고 하시며 담장 너머가 학교였는데도 불구하고 학교에 보내주지 않으신 외할머니를 늘 원망하셨다. 공부를 했으면 당신의 삶이 달라졌을 거라고 말씀하시곤 했다.

부모님 두 분이 학업을 이루지 못한 한을 품고 있었다. 겉으로 "공부해라, 성공해라"라고 말씀하시거나 성적을 가지고 혼을 내신 적은 없지만 늘 나에게 공부 잘하기를 기대하셨던 것 같다. 나는 시키지 않아도 무의식적으로 공부에 매달리며 살았다.

더욱 깊이 삶을 돌아보니 생활 속에서, 은연 중에 이런 말씀을 하시곤 했다.

"너는 엄마처럼 살지 마라", "여자라고 집에서 살림할 생각 말고 전문적인 자기 일을 가져야 한다."

귀에 박히게 들었던 말이었다. 그리고 나이가 차서 친구들 사이에 결혼 이야기가 나오고 명절에 친지들도 결혼에 대해 이야기하는데 부모님은 아직 공부 중인데 무슨 결혼이냐며 딱 잘라 일축하셨던 것이 기억난다. 부모님 자신의 꿈을 접어둔 채 가족을 위해 희생하고 사신 것이 한이셨기에 당신의 자식들만큼은 꿈을 이루고 살기를 원하셨던 것 같다.

나는 살면서 보고, 듣고, 느낀 이런저런 부모님의 마음을 그대로 받아 들이며 '나는 이런 사람이 되어야겠다. 나는 이렇게 살아겠다'라고 마음 먹고, 나의 가치관, 신념, 욕망 등을 만들게 되었다. 그러면서 환경과 조건 때문에 꿈을 접고 평생 후회하셨던 부모님처럼 살지 않으려고 노력했다. 내 아이들에게는 언제나 성장하며 꿈을 이루어가는 엄마, 그런 엄마의 모습을 보여주고 싶었던 것이다. 무조건 참고 희생하며 살다가 자녀가 장성하면 자신이 고생한 만큼 보상을 받기 바라는 엄마가 아니라 내가 먼저 삶 속에서 실천하고 자녀에게 본보기가 되는 삶을 사는 것을 소망했다.

이렇게 내 삶을 돌아보니 부모님이 날 위해서라며 갈 길을 제시하고 강요하지는 않았다고 하나, 이미 부모님의 꿈이 나에게 주입되었다는 걸 알 수 있었다. 여자라고 살림만 하지 말고 공부 열심히 해서 전문직을 가지고 살아가라는 걸 은연 중에 말씀하심으로써 내 꿈이 되게 하셨던 것이다. 그래서인지 나는 무조건 성공을 해야겠다는 생각만 했지 어떤 모습으로, 어떤 가치를 실현하며, 궁극적으로 이루고자 하는 목표는 무엇인지 구체적으로 비전을 그리지 못했던 것 같다. 자기 안에서 찾고, 그리며, 키워가야 온전히 나의 꿈이 되었을 텐데 말이다.

결국 꿈을 접고 희생하며 살아오신 부모님과 다르게 살고자 했지만, 꿈이 없는 삶을 살았던 건 나 역시 마찬가지였다는 생각이 든다. 부모님의 마음 그대로를 내가 살고 있었기 때문이다. 부모님의 마음이 내 마음이 되어 당신들이 이루지 못한 삶을 내가 이루고자 하고 있었다.

객관적으로 보기

나의 삶을 성찰하면서 처음에는 부모님을 탓하며 원망하기도 했다. 부모님 때문에 내가 학위에 연연하고, 성공하기 위해 일에 욕심을 냈다고 생각했다. 하지만 그 상황을 제삼자의 입장에서 객관적으로 바라보면 부모님이 그런 마음을 가지고 계셨어도 내가 그 마음을 내 것으로 만들지 않았으면 그렇게 살지 않았을 것이므로 부모님을 탓할 수 없다는 것을 알았다. 그리고 부모님도 자식을 사랑하는 마음에 당신처럼 살지 않기를 바라셨던 것이고, 그것이 다 잘 될 거라는 믿음을 가지셨을 테니 더욱이 부모님을 원망할 일은 아니다. 나 또한 자신에 대한 깊은 성찰을 통한 변화가 없었다면 똑같았을 것이기 때문이다. 아니, 부모님의 마음에 내 마음이 더해져 아이들에게 더 많은 영향을 주었을 수도 있다.

나는 부모님과 나의 삶을 객관적인 관점으로 성찰하며 그렇게밖에 살 수 없었던 서로의 삶을 이해하게 되었고, 부모님은 물론 나 자신을 진심으로 사랑할 수 있게 되었다. 그리고 강의를 하며 그동안 배우고 익힌 많은 것들을 나누는 지금은 오히려 내가 이만큼 성장할 수 있도록 해주신 부모님께 감사한 마음이다. 또, 실패를 딛고 당당하게 살아가는 내 모습이 누군가에게 또 다른 꿈을 꾸게 할 거라는 친구의 말에 '변화는 나와 내 주변을 바꾸는 것에서 더 나아가 누군가의 삶에 긍정적인 영향을 줄 수도 있겠구나'라는 생각을 하며 뿌듯하기도 하다. 꿈을 이루어 나가는 멋진 워킹맘이 되겠다며 앞만 보고 달리던 과정에서 힘들었지만 적절한 타이밍에 브레이크를 걸고 긴 터널을 잘 헤쳐 나온 지금, 결과적으로 내 모습에 만족하고 감사한다.

아마도 나처럼 자녀를 위해 열심히, 최선을 다하지만 시행착오를 겪는 부모가 꽤 있을 것이다. 자녀가 내 뜻대로 되지 않아 고민하기도 하고, 이해하고 기다려주다가 때론 좌절의 쓴맛을 보며 낙담할 수도 있다. 그래도 부모로서 포기하지 않고 끝까지 책임을 다하려다 보면 감정이 오르락내리락하며 소용돌이치게 마련이다. 그렇게 화를 내고 절망에 빠져 있다가 마음이 진정이 되면 '나는 왜 이렇게밖에 못하지? 아이들을 사랑하는데도 나는 왜 이토록 힘들어 할까?' 하며 자책을 하기도 한다. 이때 필요한 것은 그런 내 마음을 이해하고 보듬어주는 것이다.

나의 마음을 진정으로 이해하는 사람은 오직 나 자신뿐이다. 그래서 내가 모순투성이고, 부족한 모습이 있고, 내가 싫어하는 행동을 스스로 했을 때라도 그것 또한 나의 일부임을 인정하고 긍정적으로 생각해야 할 것이다. 그런 선택이 지속될수록 같은 상황에 놓였을 때 감정에 휩쓸리지 않고 보다 나은 결과를 기대할 수 있게 된다.

감정에 빠지지 않고 객관적으로 본다는 것은 제삼자의 입장에서 그 상황을 보는 것이다. 자녀를 멘토링하는 데 있어 주관적이지 않고 객관적이어야 한다는 것은 알지만 실제의 상황에서 이를 적용하기는 결코 쉬운 일이 아닐 것이다. 그래서 꾸준한 연습이 필요하다. 평소 명상을 하며 하루를 돌아보고, 성찰일기를 쓰면서 그날의 개선점을 찾고, 오늘보다 나은 내일을 계획하고 실행에 옮기는 것은 객관적으로 나를 바라볼 수 있는 좋은 연습 방법이다. 또 감정이 올라오면 그 순간 마음속으로 'STOP'을 외치고, 올라온 감정을 주시하며 상황을 객관적으로 보는 것도 좋다.

이외에도 자녀를 키우며 한 가지 이상 부모 나름대로 찾은 방법들이 있을 것이라 생각된다. 중요한 것은 상황에 몰입되지 말라는 것이다. 몰입되면 해결방법을 찾기 힘들다. 문제의 상황 속에서는 우선 내가 몰입되었음을 자각할 줄 알아야 하고, 자각을 했다면 바로 빠져 나오려고 노력해야 한다. 자녀는 그러한 부모의 모습조차 학습하고 있다. 자녀의 문제해결 능력은 학원에서 길러지는 것이 아니라, 부모가 보여주는 문제해결 방식을 통해 학습되는 것이다.

한 사례를 들어 이해를 돕고자 한다. 부모교육에서 만난 30대 아버지(C)의 이야기이다. C에게는 초등학생 아들이 있었는데 걸핏하면 친구들과 싸워서 반 아이들로부터 미움을 받고 있는 아이 때문에 마음고생을 하고 있었다. C는 본인이 '욱'하고 올라오는 감정을 주체하지 못해서 어린 아들에게 소리를 지르고, 화를 내고, 심지어 손찌검을 하기도 했는데, 어느 날 아이를 보니 자신이 했던 것처럼 친구들을 대하고 있더라는 것이다. 그리고 아이의 폭력성 안에서 느껴지는 분노…….
뒤늦게 자신의 행동을 깊이 반성하게 된 C는 해결 방법을 찾고 싶어 부모교육에 참여하게 되었다고 했다.

변하겠다는 부모의 의지. 앞서 부모의 마음 바꾸기에서 자녀의 변화가 시작된다고 했듯이 교육이 진행되면서 C는 절실하게 자신을 성찰하며 달라지려 노력했고, 아이도 조금씩 변하기 시작했다. 처음에는 아빠의 모습을 낯설어했지만 곧 진심을 느끼는 것 같다고 했다. 점점 아이의 싸움 횟수가 줄었고, 싸움을 해도 이전처럼 아빠가 화를 내고 때리지 않으니 솔직하게 상황을 이야기하며 잘못했다고 말했다. C는 이전처럼 상황에 몰입되어 아이를 나무라지 않았다. 마음이 올라올 때마다 속으로 'STOP'을 외치며 자신의 감정에 빠지지 않고 그 감정을 바라보려 노력했고, 그러다 보니 점차 아이의 입장에서 생각해 볼 수 있었다. 또 자신과 아이가 처한 상황에서 최선의 방법이 무엇인지 생각하며 행동하게 되었다. 부모이기에 포기할 수 없었던 자녀에 대한 사랑을 C는 그렇게 자신과의 피나는 싸움에서 승리하는 것으로 표현했다.

마음 버리기

살아온 삶을 돌아보고, 그 속에서 현재 나를 힘들게 하는 것들의 원인을 찾고, 객관적인 입장에서 이해하고 용서했다면 다시 그러한 것들에 휘둘리지 않도록 온전히 그 마음과 이별해야 한다.

나의 경우, 부모의 채우지 못한 욕망을 내 마음으로 만들어 스스로 또 다른 욕망을 생산했고, 그것을 채우고자 힘들게 살았다. 그것이 본래 내 마음인 줄 알고 말이다. 그래서 그 마음과 이별하기로 했다. 더 이상 내 마음에 담아두지 않기로 했다. 그동안 그 마음이 주인이 되어 살아온 것도 억울한데 앞으로의 삶을 그렇게 살고 싶지 않았다. 더욱이 내가 그 마음을 버리지 않으면 나 또한 내 자식에게 의도치 않게 그 마음을 전해주게 될 거라는 것을 알기 때문에 내 안에 머물러 있는 모든 걸 쫓아내야 했다.

부질없는 마음들을 의식으로 버려 보았다. 그리고 이제 내 마음에 없다고 믿었다. 내가 만들어 놓고 힘들어 쩔쩔 매었던 마음이라 그런지 일말의 미련도 없이 버릴 수 있었다. 실제 있지도 않은데 기억 또는 추억이라고 잡고 있었던 허상과 거기에 묻은 감정의 찌꺼기가 키보드의 delete 키 누르듯 삭제되면서 마음뿐 아니라 몸도 가벼워지는 것을 느꼈다. 의식으로 버렸지만 몸이 실제로 반응한 것이다. 이유는 의식으로 버린 마음이지만 뇌가 실제로 없어졌다고 인식했기 때문이다.

뇌는 상상과 현실을 구분하지 못한다고 한다. 꿈에서 슬픈 일로 울다가 눈을 떴는데 베갯잇이 젖어 있던 경험을 해봤다면 이해할 수 있다. 상상에서 비롯된 것인데 뇌가 상상과 현실을 구분하지 못하기 때문에 신체가 반응을 하는 것이다. 꿈이었다는 것을 아는 것은 눈을 뜨는 순간 즉, 의식이 깨어나면서부터이다. 뇌는 의식이 관장하기 때문에 의식으로 마음을 버리고 진심으로 그것을 믿었을 때 마음이 가벼워지는 것을 실제로 체험할 수 있다. 그래서 하는 일이 즐겁고, 절로 웃음짓는 일이 많아지게 된다.

나는 마음이 비워진 만큼 가볍고 맑은 마음으로 긍정적인 에너지를 만들 수 있었다. 나를 잡고 있던 마음이 없어졌기 때문에 힘든 일을 겪어도, 화가 나서 부정적인 생각이 들어도 긍정적으로 전환하는 것이 예전보다 수월했다. 긍정의 톱니바퀴를 처음 돌리는 데 많은 에너지가 필요하지만 한번 힘을 받은 톱니바퀴는 가속이 붙기 때문이다.

상대를 미워하는 마음을 버렸는데도 계속해서 그 마음이 올라오는 것은 아직 마음의 찌꺼기가 남아 있다는 것이다. 따라서 마음의 찌꺼기를 완전히 비워야 말 한마디를 해도 부정적인 감정이 섞이지 않고, 상대도 그 말 때문에 상처받지 않을 수 있다.

"그렇게 해서 대학은 가겠니?" 부모들이 무심결에 한 번 정도 뱉게 되는 말이다. 좀 더 노력해야 원하는 길을 갈 수 있는데 그렇지 못한 것 같아 우려되는 마음을 표현한다는 것이 답답한 감정이 이입되면서 부정적으로 표현하게 되고 마는 것이다. 그 말의 이면에는 자식을 사랑하는 마음과 걱정이 담겨 있지만 아이에게는 "너는 대학도 못 갈 거야"로 들릴 뿐이다. 생각해보면 아이도 표현을 안 해서 그렇지 부모와 마찬가지로 답답한 마음일 것이다.

그 입장에서 생각하고 말을 한다면 아마도 "너도 노력하는데 잘 안돼서 답답하겠구나. 이렇게 해서 대학을 갈 수 있을까 걱정도 되고……. 낙담하지 말고 힘을 내봐. 엄마는 항상 너를 응원하고 있어"라고 다르게 말이 나갈 것이다. 대부분의 부모가 아이가 잘했을 때 칭찬하기는 쉽지만 못했을 때 따뜻하게 격려하며 다시 일어설 용기를 주는 일은 마음에 감정이 남아 있고서는 결코 쉽지 않은 일이다.

그렇다면 이제부터는 잘했을 때나 못했을 때나 칭찬과 격려를 입으로 내뱉는 연습을 해보도록 하자. 마음에 남은 감정에 좌우되지 않는 또 다른 방법은 행동을 먼저 바꾸어보는 것이다. 마음이 바뀌면 행동이 달라지듯 행동이 바뀌면 마음이 또한 달라진다. 그리고 몸과 마음에 긍정적인 습관을 들이면 어느 순간 뭐가 먼저랄 것도 없이 몸과 마음이 하나가 되어 있는 그대로의 진심을 전할 수 있게 될 것이다.

나의 경우, 아이에게 부정적인 마음이 올라오면 우선 그 마음을 "Stop!" 하고 관점을 달리해서 긍정적인 말을 하는 연습을 수년간 지속했다. 다른 아이에 비해 자기 주장이 강했던 둘째 아이는 그런 부분에 있어 나를 강하게 훈련시킨 조교였다. 특히 중학교 시기에는 아이를 통해 사춘기 청소년의 발달 특성을 확실히 체감할 수 있었던 것 같다. 이해할 수 없는 논리를 펴며 자신의 행동에 정당성을 부여했고, 말끝마다 "왜요? 왜 그렇게 해야 하는 건데요?"라며 나의 인내심을 체크했던 호랑이 조교.

한번은 담임 선생님이 아이가 수업 시간에 잠을 많이 잔다고 걱정하는 전화를 하신 적이 있었는데 나는 우선 아이의 이야기를 들어보고 어떻게 할지 생각하기로 했다. 저녁에 선생님과의 통화 내용을 아이에게 이야기했을 때 아무렇지도 않은 표정으로 수업 시간에 잔다고 인정하는 아이의 모습은 오히려 나를 당혹스럽게 만들었다. 이 당당함은 뭐지?

"수업이 재미없어서 잤는데요."

"……."

순간 머릿속에 수많은 감정과 생각들이 뒤죽박죽 섞이며 무슨 말을 해야 할지 매우 난감했지만 바로 정신을 수습하고 "그래? 수업이 너에게 재미가 없었구나. 그래도 자는 건 선생님에 대한 예의가 아니잖아. 다음에는 그렇게 대놓고 자는 것은 삼갔으면 좋겠다"고 말했다. 아이는 재미없는 그 시간에 자서 오히려 그다음 수업 시간에는 집중을 할 수 있었으므로 자신의 행동이 잘못된 것만은 아니며, 한두 번 수업 시간에 잤다고 공부를 열심히 안 하는 아이라고 몰아가지 않았으면 좋겠다고 했다. 이런 억지스러운 논리에 반박을 해봤자 서로 감정만 상하는 말싸움으로 끝나는 것을 알기에 우선 심호흡을 하고 나서 천천히 말을 했다.

"엄마는 너의 잘못을 탓하려고 말을 꺼낸 것이 아니야. 네가 수업 시간에 잘 아이가 아닌데 잤다고 하니까 그 이유가 궁금했어. 혹시 몸이 안 좋은 건 아닌지 걱정도 됐고. 그런데 지금 네 이야기를 들어보니 다행히 그런 건 아닌 것 같아 마음이 놓인다. 그리고 네 입장에서 그런 행동을 할 수 있다는 것을 충분히 이해는 하겠는데 너를 걱정하시는 선생님의 입장에서 한 번쯤 생각해 봤으면 좋겠다."

아이는 엄마가 자신을 공격할 의사가 전혀 없다는 것을 알았는지 고개를 끄덕였다. 그리고 앞으로는 선생님으로부터 그런 전화가 걸려오지 않도록 주의하겠다는 말도 했다.

나는 방으로 돌아가는 아이의 뒷모습에 대고 "넌 크게 성공할 녀석이야. 성공한 많은 사람들을 보면 어렸을 때 일화가 많더라. 너의 남다른 행동이 나중에 다 성공 스토리의 소재가 될 거야"라고 말했다.

아이는 고개를 돌려 손으로 V자를 그리며 "그럼요" 하며 씨익 웃어 보였다.

비우기를 하고 달라진 것은 이렇게 감정에 좌우되지 않고 화를 내는 순간에 화를 내고 있는 내 모습을 알아차리고 객관적으로 바라보는 것이 자연스럽게 된다는 것이다. 이런 긍정적 변화는 자녀가 어떤 행동을 하더라도 있는 그대로 보고 수용할 수 있도록 했다. 그리고 더 이상 마음이 올라와서 그릇된 판단과 행동을 반복하지 않도록 만들었다.

최고의 멘토링을 시작해보자

사랑은 두 사람이 마주 쳐다보는 것이 아니라
함께 같은 방향을 바라보는 것이다.
생텍쥐페리

멘토링의 시작은 믿음이다

세상은 빠르게 변하고 있다고 떠들어대는데 실제로 학교와 집에서 자녀에게 요구하는 것은 옛날과 크게 달라진 게 없다. 공부를 잘해야 한다는 것. 그것이 자녀에게 요구하는 첫 번째이다. 공부를 못하면 아무래도 성공하는 데에 지장을 받았던 부모 세대는 부모가 자랐던 시대를 기준 삼아 자녀에게 삶의 방향을 제시할 수밖에 없다. 그래서 사사건건 부딪치게 되고 서로를 진심으로 이해하고 공감해주기가 어려운 것이다.

자식을 이기는 부모가 없다고 자녀와의 싸움은 이긴 것 같아 보이나 늘 패배다. 그냥 처음부터 인정해주고 믿어주면 어떨까? 자녀는 부모가 믿는 만큼 자란다고 하니 말과 눈빛과 행동으로 믿음을 표현하며 정말 잘할 수 있을 거라고 믿어주자. 그렇게 자녀의 자존감을 높여주고 용기를 주면 무언가 실수를 했을 때 평소에 엄마 아빠가 했던 말이 마음속에서 울려 퍼져 금방 용기를 되찾을 것이다. "괜찮아. 실수하면서 배우는 거야. 다음에는 잘할 수 있을 거야."

하지만 만약 부모가 평소 실수에 "또 그랬어? 너 앞으로 어떻게 하려고 그래?"라는 말로 대응하면 자녀는 그 자리에서 앞으로 나가지 못하게 된다. 실패를 과정으로 생각하지 못하고 두려워하게 되고, 자존감이 떨어져 눈치를 보는 아이가 될 수도 있다. 자녀가 잘 되기를 걱정하는 마음을 "어떻게 할 거냐?"고 다그치지 말고 "어떻게 해줄까? 도와줄까?"로 바꾸어 표현해보자. 그러면 아이 스스로 해결방법을 생각하게 될 것이다. 필요하면 도움을 요청하기도 하면서 말이다. 자녀가 스스로 이겨내고 극복해 나가도록 지켜봐 주고 기다려주는 것이 믿는다는 것이 아닐까 싶다.

부모의 믿음이 부족한 아이들의 경우 자신의 속마음을 드러내지 않는 경우가 많다. 그래서 자기가 진짜로 원하는 꿈은 숨기고 학교에서 하는 조사나 어른들이 묻는 질문에 정해진 답안의 꿈을 말한다고 한다. 이루고 싶은 꿈이 어른들의 기준에 어느 정도 흡족하면 칭찬을 받지만 평범하거나 돈벌이가 안 되는 직업을 말하면 큰 꿈을 가지라며 핀잔을 듣기 때문이란다. 그래서 아이들의 꿈은 언제나 이룰 수 없는 뜬구름 같은 존재로 남아 있다고 한다. 진짜 꿈 때문에 설레고, 희망차고, 열정적이고, 행복한 삶을 살아가고 싶지만 부모에게 표현할 수도 없단다. 그러다 보니 사춘기에 특히 부모와의 갈등이 두드러지고, 의욕도 없어져 결국 무기력에 빠지며 매사가 귀차니즘으로 돌변하게 되는 것이다.

이런 문제 해결을 위한 가장 좋은 방법은 아이들이 자신의 꿈, 하고 싶은 일을 마음 놓고 말하도록 해주고, 진지하게 경청하며 지지해주는 것이다. 비록 부모의 입장에서 들으면 별거 아닐 수 있지만 아이에게는 가슴 뛰는 일이다. 그리고 실제로 시간이 흐른 뒤 지금의 작은 꿈이 생각지도 못한 훌륭한 결과를 낳을지는 아무도 모르는 일이다.

미래인재가 갖추어야 할 역량은 '인성'이다

미래학자들이 4차 산업혁명 시대를 살아갈 우리 자녀가 갖춰야 할 역량으로 오히려 '인성'을 꼽듯이, 사회의 구성원으로서 어울려 살아갈 수 있도록 바른 인성을 가진 아이로 자녀를 키우는 것이야말로 무엇보다 중요한 일이 아닐까 싶다. 공부는 나이가 들어서도 할 수 있지만 '인성'은 어려서 길러지는 것이므로 '세 살 버릇 여든 간다'는 속담에서 알 수 있듯이 어릴 때 학습된 마음 씀씀이와 행동이 평생을 간다. 나이가 들어 바꾸려면 여간의 노력이 필요한 것이 아니므로 자녀가 한 살이라도 어릴 때 남을 배려하고, 돕고, 양심 있게 행동하는 모습을 부모인 내가 먼저 보여 주도록 하자. 인성은 수학과 영어처럼 학원에서 배우는 것이 아니고 가정에서, 특히 부모로부터 배우는 것이니 돈 안 들이고 내 자녀를 최고의 미래형 인재로 키울 수 있는 기회가 온 것에 감사하면 좋겠다.

삶을 성찰하고 비우는 과정을 통해 성공이라는 개념이 이전과 달라진 나는 아이가 공부를 잘해서 좋은 대학을 가고, 좋은 직장에 취업해서 사회적, 경제적으로 입지를 다지는 것보다 건강한 마음으로 성장해서 자신을 존중하고, 타인을 배려하며 사람들과 어울려 살아갈 줄 아는 사람으로 자라길 바라게 되었다. 그래서 부모인 내가 먼저 모범을 보이기로 했다. 아이는 부모의 모습을 보면서 학습할 테니까 말이다.

아이들이 어릴 때는 엘리베이터에서 만나는 사람들에게 먼저 인사하기, 가게에 들어갈 때와 나올 때 웃으며 인사하기, 누군가 무거운 물건을 들고 가면 도와주기, 다른 사람에게 도움을 받으면 감사한 마음 표현하기 등등 소소한 생활습관을 익히도록 했다. 별거 아닌 것 같지만 작은 습관 하나가 변화의 시작이 된다. 그리고 초등학교에 입학하고 나서는 가족 간에 의사결정을 할 일이 있으면 대화를 통해 합일점을 찾았고, 다수의 의견에 따라 결정되더라도 소수의 의견이 무시되지 않도록 배려해야 한다는 것을 알려 주었다.

무엇보다 매일 꾸준히 넘치게 했던 것이 있다면 아이들을 사랑하는 마음의 표현이었다. 나는 표현하지 않는 사랑은 상대가 알 수 없다고 생각한다. 그래서 "사랑한다"는 말을 매일 했다. 그래서인지 현재 대학교와 고등학교를 다니고 있는 두 아이에게 여전히 "사랑한다"는 말을 넘치게 할 수 있는 특권을 누리고 있다. 만약 아이가 어릴 때부터 이런 표현을 하지 않았다면 마음 속으로는 아무리 사랑한다고 해도 쑥스럽고 어색해서 입을 떼지 못했을 것이라는 생각이 든다.

부모로서, 또 아이들의 멘토로서 나의 삶을 돌아보면 매번 부딪치고 넘어지는 실수투성이였다. 경제적으로 풍족하게 해준 것도 없고, 물리적으로 많은 시간을 함께 보내지도 못한 엄마이다. 아이들이 한창 사춘기 시기를 보낼 때는 부족한 부모였기에 남 몰래 눈물을 훔치

기도 했던 지극히 평범한 엄마……. 그런 나에게 대학교 1학년이었던 큰아이가 어느 날 "엄마가 우리 엄마여서 정말 감사하다는 생각이 들어요."라는 말을 했다. 가슴이 뭉클했다. 하루 종일 기분이 좋아 입가에 미소를 머금고 다녔다. 평소 비밀이 없이 서로 솔직하게 모든 것을 터놓고 이야기하는 편이지만 그날의 그 말은 유독 지난 모든 순간들을 감사함으로 만들었다.

"친구들의 엄마도 보고, 주변에 어른들을 봐도 엄마처럼 우리를 이해해주고, 의견을 존중해주는 어른이 흔하지 않더라고요. 그리고 친구들 얘기를 들어보면 부모님이 공부하라는 말씀은 많이 하시는데 엄마처럼 바르게 사는 것이 중요하다고 하시지는 않는대요. 엄마, 전 정말 행복하게 자란 것 같아요."

아이 둘의 엄마로 보낸 지난 시간들, 그 시간 속에 있을 때는 그리도 힘들고 길기만 했는데 지나고 보니 또 한없이 짧게 느껴진다. 그리고 어렵고 힘들었던 기억보다는 행복했던 기억이 더 많이 남아 있다. 아마도 나는 좋은 멘티를 만나 부모 멘토로서 성장할 수 있었던 것이 아닌가 싶다. 어느새 나의 옆에서 발걸음을 맞추며 같은 생각과 가치를 가지고 걸어가고 있는 두 멘티들. 무엇보다 자신이 받은 사랑을 다시 나누겠다고 방학 때마다 청소년 활동에 어엿한 멘토로 참여하는 큰아이와 언니처럼 멘토로 봉사하기를 꿈꾸는 둘째 아이의 모습에 감사한다.

아이가 꿈을 갖고 자신이 좋아하는 일에 몰두하며 행복하기를 바란다면 부모가 먼저 꿈을 갖고 그 꿈을 향해 나아가면서 행복해지라고 말하고 싶다. 내가 꾸지 못하는 꿈을 아이에게 꾸라고 하지 말고 함께 꿈꿔

나가자. 부모인 내가 먼저 도전하고 성취했을 때 아이도 할 수 있다는 믿음을 가질 수 있다. 아이의 무한한 가능성을 믿고, 아이가 바라보는 그곳을 응시하며 응원의 박수를 보내는 부모 멘토가 되자. 넘어지고 상처가 나면 일으켜 세워주면 된다. 넘어져봐야 일어서는 방법을 배우는 것이다. 눈물을 흘려봐야 아픈 사람을 이해하고 도울 줄 아는 것이다.

나의 꿈 목록에는 아직 이루어야 할 꿈들이 많이 있다. 그 중 하나는 큰아이가 중학교 때 꿈 목록에 적은 것으로, 아이들과 함께 청소년 활동에 멘토로 참여하는 것이다. 이 꿈은 나의 꿈이였지만 이제 아이들의 꿈이기도 하다. 그래서 우리는 같은 꿈을 향해 나아가고 있는 동반자가 되었다. 둘째 아이가 고등학교를 졸업하고 이 꿈을 이루게 되면 우리는 함께, 또 각자 새로운 꿈을 향해 나아갈 것이다. 아이들은 멘티에서 누군가의 멘토가 되어 쭉쭉 성장해 나갈 것이고, 그렇게 자신의 삶을 완성시켜 나가리라 믿는다. 부모인 나를 넘어서는 멘토를 키워내는 것, 이것이 부모 멘토의 역할이 아닐까 하는 생각이다.

김진령

행복을 전하는 삶에 감사하며 부모교육, 가족 커뮤니케이션, 진로교육 전문 강사로서 평생교육 차원에서 전인교육에 관심을 갖고 현재는 평생교육학과 박사 과정에 있다. 지난날, 작가의 길을 걷기 위해 조소를 전공했고 예술에 대한 관심과 열정으로 대학원에서 미술사를 공부한 후 대학 강단에 섰다. 뒤도 돌아볼 여유 없이 바쁜 삶 속에서 문득 '내가 무엇을 위해 달려가고 있는가?'를 고민하면서 만나게 된 것이 '마인드 UP 인성교육'이었다. 내 안에 '진정한 나'를 찾고 그 본질을 회복하면서 삶의 이유와 목적을 비로소 알 수 있었다. 그리고 부모인 '나'의 변화가 자녀의 삶의 질을 어떻게 바꾸는지 직접 체험하면서, 어느덧 대학교 2학년과 고1이 된 딸들을 둔 부모로서 그동안 겪었던 시행착오와 성공 스토리를 나누고자 마인드 UP 강사로 활동하고 있다.

chapter

4

마음이 통하는 행복을 찾아

안말숙

문제라고 생각했던 건 우리가 미처 이유를 알지 못했던 성장의 문턱이었다. 문턱을 지나는 사람들과 함께해주는 멘토가 있을 때 우리는 행복을 느낀다. 그래서 나는 나를 위해 멘토 역할을 한다. 그 마음의 통합이 지금도 수없는 가족들을 만나게 하는 힘이 되고 있다.

누군가의 멘토가 된다는 것

자식을 잘 키우고 싶은 마음은 부모라면 누구나 가져봤을 소망이다. 잘 키우려는 마음의 의도에 대해 다시 돌아보는 시간을 가져보는 것 역시 부모라면 한 번쯤 경험했을 일이다.

자식들은 부모님의 소망은 감사하나 욕심에는 저항한다. 부모는 내가 준 사랑이 서툴렀어도 자식을 사랑하는 마음만큼은 이해받고 싶어 한다. 그리고 누구보다도 서로 사랑받고 싶어 하고 사랑하고 싶어 한다. 30년 가까이 학교 안에서, 학교 밖에서 만난 부모와 자녀의 호소 내용이다.

나 역시 부모의 마음이 먼저 행복해지는 것을 미루고 자식을 잘 키우고 싶었던 마음이 앞섰던 사람이다. 나를 바꾸는 시간에 열정을 쏟았다면 자녀에 대한 내 꿈은 저절로 이뤄졌을 텐데, 그때는 그걸 알지 못했다.

밖에 있는 사회와 사람을 바꿔보려 했던 일방통행을 지나 나를 바꾼 만큼 상대가 수용이 되는 쌍방통행을 배우기 시작하면서 내 속에 있는 부모의 모습과 자녀의 모습을 알아갔다. 이제 바꾸고자 했던 그 나마저 수용할 수 있는 힘이 생기기 시작하는 것 같다. 먹고사는 것이 힘겨웠던 우리 부모님께 공감과 소통을 가르쳐주지 못했다고 원망할 수도 없는 시대를 산 나는 마흔이 넘어서야 본격적으로 소통이라는 걸 배우고 있다. 처음 소통이 뭔가를 가르쳐주셨던 나의 멘토는 이렇게 말씀하셨다.

"자기 자식을 변화시키고 싶으면 다른 사람의 자식을 위해 바쳐보세요. 그 아이의 멘토가 되어보세요."

방학이면 연수와 여행을 택하던 나는 2009년부터 남편과 함께 캠프를 찾아온, 또는 부모님에 의해 이끌려 온 아이들을 만났다. 그리고 아이 마음에 무엇이 있는지 알고 싶다고, 도와주고 싶다고, 방법을 모르겠다는 부모님을 만났다. 서로를 위한다는 것이 오히려 상처가 되어 만난 사람들을 보며 나는 내 모습을 보았고, 안타까워하는 마음이 인연이 되어 지금은 남녀노소 불문하고 '마음'이라는 주제로 함께 소통을 배우고 있다.

가장 행복할 때가 언제냐고 묻는다면 '마음이 통할 때'라고 말하고 싶다. 상대의 마음과 나의 마음이 하나임을 느끼고 대자연의 마음과 하나임을 느낄 때 그때는 너와 나라는 분별이 없다. 그 마음이면 어떤 어려움도 감사할 수 있는 힘이 생긴다. 어린이, 청소년 캠프에서는 이를 진짜마음, 참마음이라고 하는데 아이들은 자신의 부정적인 마음이 가짜라는 걸 알고 안심을 한다. 그 마음 때문에 괴로웠는데 이것이 진짜 내 마음이 아니니 훌훌 벗어던질 용기가 생기는 것이다.

그래서 어른들보다 그 가짜마음에서 쉽게 벗어나는 모습을 종종 본다. 캠프에서 아이들이 부모님과 소통을 하는 모습을 볼 때, 부모님이 아이에게 진실한 마음을 전할 때, 어리다고 생각한 아이들이 부모님을 더 큰 마음으로 안아줄 때, 나는 저절로 내 가족을 바라보는 마음이 여유로워진다. 본래 우리 안에 있던 전체의 마음을 느끼고 체험하는 그 순간이 모여 내 좁은 생각을 바꿔나가기 때문이다.

문제라고 생각했던 건 우리가 미처 이유를 알지 못했던 성장의 문턱이었다. 문턱을 지나는 사람들과 함께해주는 멘토가 있을 때 우리는 행복을 느낀다. 그래서 나는 나를 위해 멘토 역할을 한다. 그 마음의 통합이 지금도 수없는 가족들을 만나게 하는 힘이 되고 있다.

다음 사례는 "자신의 이야기로 인해 누군가가 용기를 얻을 수 있다면 기꺼이 제 얘기를 해주세요!"라고 해주신 분들의 소중한 삶의 이야기이다.

산산이 흩어졌던 삶 뒤에 찾은 노년의 행복

칠십 대 초반이지만 아직 한창때라는 나의 말에 환하게 웃으시던 유영화(가명) 할머니. 유 할머니는 일주일에 세 번 어르신을 대상으로 한 무료급식소에 봉사를 나간다. 본인도 연로하지만 더 연로한 팔구십 어르신에게 음식을 덜어드린다. 밑반찬은 구수한 이야기와 밝은 웃음이다. 어르신들과 푸석한 손을 맞잡고 기쁜 얘기 슬픈 얘기 나누고 나면 몸은 피곤해도 마음만은 가뿐해진단다.

"그렇게 하면 누가 좋아요?"

나의 물음에 유 할머니는 한 치의 망설임도 없이 대답했다.

"내가 좋지, 누가 좋겠어, 호호."

유 할머니는 그곳에서 설거지도 하는데, '내가 나를 닦습니다'라는 마음을 되뇌면서 수저를 닦는다고 했다. 이 같은 봉사 활동은 자신의 업業을 버리는 일이라면서, 귀한 봉사를 하면서 마음공부까지 할 수 있고 건강까지 챙길 수 있어서 참 감사하다고 했다.

누가 유영화 할머니를 이토록 즐거운 봉사의 시간으로 이끌었을까?

사람의 마음은 크게 두 가지로 나눌 수 있다. 하나는 본래마음이며, 다른 하나는 개체마음이다. 먼저 개체마음은 개개인이 저마다 자신의 삶을 살아가면서 자기 입장에서 알게 모르게 먹는 마음이다. '우리 애는 공부를 못해 속상해', '남편 때문에 내가 이 고생을 하고 살았어', '윗분들은 너무 고지식해', '나는 평생 남한테 나쁘게 행동한 적이 없는데 내게 왜 이런 일이 생기나?'……. 이와 같이 살면서 쌓아가는 부정적인 마음들이다.

반면 본래마음은 우리 안의 긍정적인 마음들이다. 본래마음은 술 먹는 남편을 미워하지 않으며, 자녀가 공부를 못한다고 상처주지 않으며, 능력 있는 친구를 봐도 질투하지 않는다. 그냥 있는 그대로 받아들이며 함께 성장할 수 있는 대안을 찾는다. 본래마음이 우리의 '진짜마음'이며, 개체마음은 '가짜마음'이다. 자기가 만든 가짜마음이 본래부터 있었던 진짜마음을 먼지가 쌓이듯 덮는다. 그러나 손가락으로 하늘을 가릴 수 없듯, 개체마음을 양심에 비추어 버리다 보면 변함없는 본래마음은 그대로 드러난다. 양심의 가책을 느낀다는 것은 본래마음이 살아 있다는 신호이다.

유 할머니는 이따금 봉사 현장에서 짜증 섞인 얼굴로 밥을 푸고, 억지로 밥을 나르는 봉사자들을 만난다. 그런 사람들을 보면 참 안타깝다고 했다. 봉사도 행복으로 알고 감사히 여겨야 하는데, 그렇지 않은 것 같아서란다. 유 할머니의 표현을 살리자면 이렇다.

"본심(본래마음)이 봉사하는 게 아니고 검은 놈(개체마음)이 움직이기 때문이지."

유 할머니가 평생을 안락하게 살아온 것은 아니다. 할머니의 삶은 상처투성이였다. 자칫 할머니는 상처로 얼룩진 채 노년을 힘겹게 보낼 수도 있었다. 팔 남매 중 셋째 딸로 태어난 유 할머니는 부모의 사랑을 듬뿍 받고 자랐다. 가정은 유복하고 행복했다. 그러나 아버지가 빚보증을 잘못 서는 바람에 단번에 가세가 기울고 말았다. 어머니 아버지 모두 생계에 매달렸고 열일곱 살인 유 할머니가 집안 살림을 도맡았다. 동생들도 떠안았다. 그것이 안쓰러웠던 부모는 유 할머니가 스무 살 되던 해에 숟가락 하나라도 덜자고 시집을 보냈다.

조그만 가게의 월급쟁이였던 남편은 착하고 성실한 사람인 줄 알았다. 그러나 결혼하고서부터 유 할머니의 인생은 소용돌이에 빠졌다. 남편은 월급을 갖다준 적이 없었고 노름판이나 술집에서 돈을 날리는 일이 다반사였다. 술만 마시면 아내를 팼다. 아기가 생기면 좀 나아질까 싶었지만, 어린 딸마저 때렸다. 지금도 유할머니가 가장 힘든 시기를 함께 겪은 큰딸에게 가장 미안하다고 한다. '살아야지'보다 '죽어야지' 생각을 더 많이 하고 살았던 시기를 큰딸이 함께했기 때문이다. 큰딸의 가슴에 응어리로 남은 것이 표현될 때면 남편이 자고 있는 아이를 때릴 때 말리면 더 난리를 치기에 막지 못했던 일이 생각난다 하신다. 모든 것이 자기 잘못인 것 같아 마음이 아프다 하신다.

어느 날 남편은 용건도 밝히지 않고 가게로 아내를 불러내더니 모르는 남자 두 명에게 맡기고는 쓱 자리를 비웠다. 남편은 노름에서 진 빚을 갚으려 했을까? 그 상황만은 용서가 안 된다고 말을 삼키셨다.

그런 유 할머니의 모진 세월을 견딜 수 있는 힘은 자식이었다. 새끼들 먹여 살려야 하니까 정류장 청소며 장사며 안 한 것이 없으시다. 남편의 폭력에 너무 힘들게 사니까 주인댁에서 서울로 도망가라고 길을 터주었는데 기차를 타고 가다가 어린 딸의 울음소리가 귀에 쟁쟁하여 다시 돌아오기도 한 할머니.

남편은 다시 돌아온 할머니를 때려서 추운 겨울 저수지가 있는 웅덩이에 던져버렸다. 의식을 잃은 할머니를 따뜻이 먹이고 재우고 생명을 찾게 해준 이는 그저 지나가는 행인이었다. 지나간 삶을 돌아보고 비우는 과정에서 유 할머니는 고통인 줄만 알았던 삶 곳곳에서 자신의 생명을 지키고 도움을 건넨 인연들이 저절로 떠오른다고 기뻐하셨다. 상담이 중반으로 넘어가면서 우리는 어느새 지나간 삶에서 감사한 일을 찾아내고 전환하는 서로의 멘토가 되어가고 있었다. 성찰은 감사함을 재탄생시키는 과정이기도 하고 그 감사함을 전하는 멘토를 서로 확인하는 시간이기도 하다. 도움을 줄 수 있는 일이라면 어디라도 나서려고 하는 유 할머니의 마음은 그런 감사함에서 왔을지도 모른다.

지금 유 할머니는 자신의 살아온 삶을 돌아보고 비우며 성찰한 내용을 자녀들과 나누며 사신다. 나무를 보고, 산밭에서 풀 뽑으면서 혼자 살아온 삶을 고백하던 할머니가 이렇게 쓰리고 아픈 이야기를 속시원하게 꺼내놓고 나니 마음이 편하다고 하신다. 뭣 하러 그 짐을 내가

다 지고 있었는지 모르겠다고.

돌아가신 남편에 대한 마음은 많이 버려졌냐는 질문에 처음엔 30%, 50% 버려졌다는 대답을 하셨는데 최근에는 남편도 자기 본마음으로 그런 게 아니라는 걸 이해하실 여유가 생기셨단다. 남편과의 인연으로 잃었던 것보다 얻었던 것이 더 많으셨단다. 이제는 그 무지한 인연을 위해 기도하신다고 한다. 그리고 남편의 성격을 가장 많이 닮은 큰딸을 위해 자신을 바치고 싶다 하신다. '모든 것이 내 탓이오'라는 기도가 절로 나온다고 한다.

부모님께 드릴 수 있는 최고의 선물은 부모님의 마음을 풀어주는 것이다. 유 할머니는 내가 본 어떤 어머니보다 행복하게 살고 계신다. 가게에서 딸 도우던 일을 그만두시고 딸들이 가끔씩 데려다주는 병원과 한의원을 다니며 평생 지친 몸을 조금씩 돌보고 계신다. 나무들과 이야기하고, 시간의 일부를 봉사활동에 쓰시고, 지나간 삶을 돌아보는 시간을 가지면서 비움의 행복을 나누고, 점점 자식들에게 당당해지시고 솔직한 어머니.

이 어머니께 마음을 돌아볼 수 있는 시간을 선물한 둘째 딸의 사랑에 다시 한 번 감사드린다.

우울함을 딛고 밝음을 되찾은 세 아이의 엄마

사십 대 주부이자 세 아이의 엄마인 최은주(가명) 씨는 자신의 그늘진 어린 시절에 갇혀 우울한 나날을 지내고 있었다. 맏딸이었던 은주 씨는 독선적이고 독단적인 아버지 밑에서 숨 막히는 성장기를 보냈다. 아버지는 사랑이었는데 은주 씨에게는 상처였다. 어머니는 칭찬에 인색했고 어린 은주 씨를 있는 그대로 받아들여주지 않았다. 색색깔 머리핀이 좋은데, 검정색 머리핀만 사주는 엄마가 싫을 정도로 감성이 풍부했던 은주 씨, '산타할아버지는 나에게는 왜 안 올까?' 하며 혼자 외로워했다.

일곱 살 땐 세 살배기 막내 여동생을 혼자 돌보다가 막내가 화상을 입는 사고를 겪었다. 자신이 잘못해서 동생이 죽을지도 모른다는 두려움, 그 두려움의 순간에 아무도 자신을 돌보는 이 없이 혼자 견뎌내야 했던 시간들을 갖고 어린 은주는 그대로 어른이 되었다. 그 사고로 은주 씨는 아무도 자신을 헤아려주지 못한다는 외로움과 죄책감 속에 빠져 밝은 어린 날을 반납하고 살았다. 그리고 사고에 대한 두려움은 생활 습관을 변화시켰다.

결혼을 하고 세 아이를 낳았지만 어린 시절 담아놓은 상처는 은주 씨를 계속 우울로 빠트렸다. 은주 씨의 외로움은 자신이 설정해놓은 방향으로 남편을 길들이려 했고, 동생이 화상으로 죽을지도 모른다고 느꼈던 생명에 대한 두려움은 세 아이들을 길에서 뛰어놀지 못하게 할 만큼 불안이 깊어지게 만들었다. 그러다 보니 결혼생활과 자녀 양육 모두에서 스트레스를 받았다. 그 밖에도 시댁만 생각하면 무거운 마음, 부족한 신앙생활에 대한 고민 등 여러 요인이 은주 씨의 어깨를 짓눌렀다.

은주 씨가 셋째를 임신했을 때 은주 씨의 여동생이 암 선고를 받았다. 그토록 바라던 딸을 임신했고 딸을 출산했을 때 은주 씨는 동생의 일로 우울함에 빠져 기쁨을 삭여야 했다. 결국 딸이 태어나고 얼마 후 동생은 세상을 떠났다. 은주 씨는 우울과 슬픔에 휩싸였다. 때문에 어여쁘고 사랑스러운 딸에게 사랑을 쏟지 못했다. 잿빛 얼굴로 딸을 대하고, 어둡고 부정적인 말로 딸과 대화했다. 딸이 세 살 먹을 때까지도 은주 씨의 일상은 큰 변화가 없었다.

딸이 막 초등학생이 되었을 무렵 남편이 직장에서 억울하게 사건에 휘말리게 되었다. 고지식했으나 성실하고 가정적인 남편을 은주 씨는 믿고 지지했지만 최고의 격려가 필요한 시기의 남편에게 실망과 분노로 대했다. 은주 씨 안에 공감하고 격려할 마음의 여유가 없었다.

허무한 눈빛과 우울한 얼굴. 은주 씨에게서 받은 첫인상이었다. 처음엔 쑥스러워하고 속내를 드러내기도 꺼려 했다. 그런데도 다행히 상담 시간을 무척 소중하게 여겼다. 덕분에 우울함 뒤에 가려져 있는 은주 씨의 밝은 심성이 대화를 통해 계속 드러났다. 지금은 캠프의 멘토로 재능기부할 것을 목표로 잡을 만큼 당차고 목적의식이 뚜렷한 한 사람으로 거듭났다. 자신처럼 마음에 슬픔을 쌓은 사람을 보면 저절로 마음을 풀어주고 마음공부를 할 수 있게 모시고 오기도 하는 사랑의 메신저이다.

새롭게 시작한 직업에서 자기 재능을 발휘하며 오히려 아버지가 어릴 적 자기 재능을 믿고 지지해주며 학원을 보내준 것에 감사한다는 은주 씨.

"마음을 비워내면서 제게 수학적 재능이 있음을 발견했어요. 몰랐던 재능이라기보단 잊고 있었던 재능이었죠. 그때는 그게 싫었는데 꼼꼼하고 치밀하게 답을 얻어내는 수학적 사고가 제 업무에 의외로 큰 도움이 되었습니다. 이게 아버지 덕분이죠?"

자수성가한 아버지와 아버지 옆에서 마음 졸이고 사신 어머니께 가족캠프를 선물하는 딸이 되었다. 두 분이 남은 여생을 마음을 버리고 비워 자유롭게 살고 가셨으면 좋겠다고 해맑게 웃으신다. 딸을 먼저 보낸 아버지의 깊은 슬픔을 챙길 정도로 자기 슬픔에서 벗어나 성장한 모습이다.

"승승장구를 달리던 남편의 직업적 명예가 떨어졌을 때 그 상황을 인정하지 않았던 제 마음 한구석에는 남편에게 의시하려는 못난 제가 숨어 있었습니다. 저는 남편의 승진이 좌절되고, 그로 인해 가정이 다치고 흔들리는 것을 원하지 않았던 겁니다. 이기적인 이 마음을 이 사건을 겪으면서 발견했습니다."

"지혜로운 아내로 성장하는 모습을 보면서 신은 어머니를 보내셨다"는 탈무드의 구절이 떠오른다. 여자아이에서 아내로, 엄마로 그리고 어머니로 함께 성장해 나갈 우리의 모습이 기대된다.

누구나 가족이 힘들고 어려운 상황이 생겼을 때 공감해주고 격려해주는 것을 원한다. 그렇지만 내 안에 욕심이 있을 때 상처 주는 일이 실제 힘든 사건보다 오히려 더 큰 상처를 남기게 된다. 상담을 받는 내내 남편의 사건으로 인해 자신을 돌아볼 수밖에 없었던 은주 씨, 그녀에게 성찰시간이 편안하기만 했던 건 아니지만 오히려 홀로서기의 기회가 된 것이다. 그로 인해 부부가 한층 더 성숙해지고 남편에게 덜 바라는 아내로 자유로워졌다. 얼마 전 부모 멘토 프로젝트에서 두 부부가 나란히 앉아서 서로의 성장과정을 들어주고 이해하고 표현해가는 모습이 무척이나 이뻐보였다. 이미 부모 멘토로서의 과정을 시작하고 있음에 박수를 보낸다. 묵묵히 아내의 바람을 들어주는 남편의 마음에도 감사를 드린다.

세 아이의 엄마라는 것만으로도 존경을 보내고 지지해주고 싶은 은주 씨다.

안정된 마음으로 새 생명을 갖게 돼서 기뻐요

삼십 대 초반의 직장 여성 강주향(가명) 씨는 직장에서 받는 스트레스로 몹시 힘겨워했다. 다행히 직장 선배님이 안타깝게 보시고 연결해 주셨고 얼굴도 보지 않은 채 오직 전화로만 만났던 분이다. 아직 신혼이고 예비엄마이고 타인에 의해 감정이 쉽게 좌우되는 여린 분이라 무엇보다도 나는 이분이 예비엄마로서 마음이 건강해지길 바랐다.

신혼의 달콤함이 잦아들지 않은, 한껏 예쁜 꿈을 꿀 수 있는 때인데 직장의 우울한 관계가 이를 허락하지 않았다. 주향 씨는 직장 내 어른들에게 순종적이었다. 그래서 예쁨을 받았다. 옮겨간 새 부서에서도 윗사람에게 순종적인 태도는 한결같았다. 그것이 동료들의 눈에는 밉게 보였는지 10여 명 가량의 부서원들 사이에서 따돌림을 당했다. 따돌림은 2년이나 지속됐고 그나마 주향 씨의 속이야기를 들어주던 선배마저 등을 돌리면서 주향 씨의 자존감은 땅에 떨어졌다. 주향 씨는 '내가 이상한 사람인가?', '내가 다 틀린 건가?' 하는 생각에 가치관의 혼란마저 느끼고 있었다.

초기 만남에서 주향 씨는 무기력했다. 해도 안 될 거라는 태도로 소극적이었다. 반면에 상처를 너무 받아 힘들었기에 자신의 방어력을 높이고 싶은 마음은 간절했다. 우리는 주향 씨의 '나'를 찾아주는 것을 목표로 함께 잡았다.

'나'는 본래 맑은 유리창인데, 상처가 쌓이면 그 '맑은 나'를 잊을 수가 있어요. 그러고는 때 묻은 유리창을 보고 '본래의 나'라고 생각하게 되죠."

유리창 비유에 주향 씨가 "어, 맞아요!" 하며 맞장구를 쳤다.

몇 차례 전화상담이 진행되면서 주향 씨는 때 묻은 유리창을 '나'라고 받아들였던 자신이 바보 같았다고 고백했다. 그리고 주향 씨 스스로도 상대의 단점을 자기 기준으로 보고 있음을 인지하고 상대 안의 단점만 보아온 자신의 오류를 스스로 인정하는 힘이 생기기 시작했다. 내 안의 밝음을 인정하고 나니 상대안의 밝음도 인정이 되는 선순환을 보면서 나 역시 힘이 났다.

주향 씨와 만나면서 어떤 상황이 생기면 '내가 뭘 잘못했나?'라는 자기만의 사고 패턴으로 금방 돌아가버리는 자신을 이야기했다. 그리고 '나만 이상한 사람일까 봐' 숨기고 숨겨왔던 가족사를 이야기하면서 꽁꽁 숨겨놓았던 마음의 감옥에서 풀려나기 시작했다. 유달리 관계 속에서 집착했던 이유가 가족 속에서 받았던 상처를 되풀이하고 싶지 않았다는 이야기를 하면서 오랫동안 그 슬픔에 함께 머물렀다.

2년 동안 직장 내에서 받았던 따돌림의 상처를 풀고 보니 그녀의 어린 시절 그녀 스스로가 왕따 시켜놓았던 지점과의 접촉이 일어났다. 아내가 세상을 등진 후 어린 두 딸을 돌보기 위해 급하게 재혼한 아버지. 아버지의 친딸들에게 주향 씨의 엄마는 친엄마 이상으로 노력했고 어린 주향이는 두 언니가 친언니인 줄 알고 잘 따랐다. 오히려 주향 씨가 친딸이 아닐까 할 정도로 어머니가 키웠는데 결국 청소년기 때 이야기를 엿듣게 되었다. 그때 충격을 아무하고도 해소하지 못한 채 혼자만의 세계에서 살고 있었던 것이다. 직장생활에서도 비슷한 인간관계가 되면 어린 시절의 패턴을 반복하고 2년 동안 혼자 외로움 속에 쌓인 채 무기력에 이르기까지 주향 씨가 겪은 마음의 고통은 전체 입장이 아니고는 어찌 공감할 수 있을까?

주향 씨가 어린 시절에 자신의 가족 이야기를 자유롭게 하고 살았다면 어땠을까? 풀어놓고 나면 나만 그런 게 아닌데, 이와 같은 아픔이 어느 집이나 한두 가지 있게 마련인데, 마음속에 가두고 살아온 이야기가 주향 씨의 밝은 마음을 도둑질해내고 있었다. 내 이야기를 가두어 놓으면 마음 도둑이 생긴다. 원래 없었던 도둑을 내가 만들어놓고 내 마음을 계속 도둑에게 내주고 있는 우울한 주향 씨에게 나는 과제를 계속 남겼다.

"도둑에게 집중하지 마시고 내 본래 마음에 집중하세요. 내 긍정의 마음에!"

다행히도 주향 씨는 다친 마음을 스스로 인정해주고 함께 공감하면서 상처받은 자신을 충분히 수용하는 시간을 가졌다. 그리고 상처받은 자신을 스스로 떠나보내는 힘을 길렀다. 직장 내 따돌림으로 힘든 2년 동안 나를 성장시키기 위한 한 편의 드라마, 드라마 속 각각의 인연의 역할을 이해하고, 주향 씨도 그 무대에서 내려왔다.

주향 씨는 남편과 함께 친정 부모님 모시고 가족여행을 계획하느라 상담 시간을 잊을 정도로 활발해졌고 부모님과의 충분한 대화를 나누기 위해 함께 연습도 했다. 그리고 몇 달 지나 아이를 가졌다는 소식을 소중히 알려왔다. 엄마가 된 것이다.

주향 님과 주고받은 카톡 내용을 짧게 소개한다. 우리는 카톡으로 메시지가 아닌 마음을 주고받았다.

8월 23일 수요일

마음이 따뜻하신 주향 님~
검사에 응해주셔서 감사해요. 검사를 시작하면서 이미 자신을 돌아보는 시간이 되기 시작한답니다. 내일 11시에 만나기 전 과제를 드립니다. 짧은 시간이지만 충분한 자기성찰의 시간이 되기를 소망하면서^^

8월 24일 목요일

네, 수고하셨습니다.
세세한 살핌을 잘해주셔서 즐거운 만남이 될 것 같아요.
11시에 봬요.^^

오늘 평화를 사랑하시는 분을 만나 반가웠습니다.
나의 평화를 지키기 위해 해야 할 몇 가지 과제들을 아주 잠깐 살펴보았지요? 오늘 만남의 내용을 정리해서 보내니 도움 되길 바라요~

1. 상대의 행동이 버거울 때 : 왜 저럴까 -> 무슨 이유가 있겠지, 그럴 수도 있지.
2. 남편께 미안해+고마워+내가 찾은 작은 긍정씨앗 나누기
3. 내 안에 일어나는 감정에 빠져들지 말고 영화 관람객처럼 관찰하기

저도 뭔지 모르는 감정을 아주 시원하게 긁어주셔서 마음에 긍정 효과가 생겼어요. 유리창에 비유하신 말씀이 생각나요. 원래 그런 유리창이 아닌데 오물이 묻은 유리창을 보고 '원래 나'인 것처럼 때 묻은 유리창을 받아들이고 지냈던 내 모습이 얼마나 바보 같았는지 느꼈습니다.

8월 30일 수요일

자신을 객관적으로 바라보고 있는 힘이 있어요.
주향 님 안의 본래 긍정의 주향 님을 믿으셔요.
우울하고 외로운 생각이 침입하면 그것을 바라보고 인지하고 다만 내 마음 안의 생각으로 가져오지 마셔요.
나 자신을 위해~

선생님, 제가 그 위에 선배와의 관계에서 많이 고민하다가, 뭐가 문제인지 직접 물어봤습니다.(만날 여건이 되지 않아 문자했습니다)
저의 질문은 '선배, 혹시 저한테 섭섭하다거나 불편한 점 있으세요? 저는 선배가 저를 너무 다른 사람처럼 대해서 저도 모르게 선배를 요즘 불편하게 느꼈습니다.'
답장은 '섭섭한 건 아니고, 네가 친한 후배 이상이라고 생각하고 있었는데, 너에 대해서 다시 생각해보는 계기가 여러 번 있었다. 시시콜콜하게 문자로 할 얘기는 아닌 것 같다'라고 답장 주셨어요.
저는 정말 큰 충격을 받았어요. 단순 섭섭한 마음이 아니라는 사실에…….
그래서 '시간 맞춰서 나중에 만나서 얘기해요'라고 문자 답장을 보냈는데…….
그리고 4일이 지난 오늘, 그동안 좀 많이 고민했어요. 왜냐면 선배가 저를 다시 보게 됐다는데, 직접 얼굴 보고 만나서 얘기한들, 저는 선배가 그렇게 본 그대로의 저라서 그 선배의 관점을 제가 바꿀 수 없잖아요. 그래서 만나면 제가 얘기 듣고 더 충격받을 것 같아서 '그냥 지나가는 게 나을까?' 생각을 했습니다. 돌이켜보면, 제가 정말 본받고 싶고, 존경하는 선배인데 이런 말을 들으니 좀 혼란스럽고 긍정적으로 흘러갔던 저의 마음에 핵폭탄이 떨어진 느낌입니다.
저는 관계를 예전처럼 잘 회복하고 싶은데 욕심인가요?
시차 적응으로 힘드신 거 알지만
저의 멘탈은 지금 폭풍이 지나간 것 같아요. ㅜ_ㅜ

ㅎㅎ 걱정해주셔서 감사해요 다행히 멘탈은 더 건강해져서 돌아왔네요. 그리고 더 잘 지내고 싶다는 건 욕심 아니니까 괜찮아요. 자기 마음의 표현을 요렇게 야무지게 해낸 주향 님을 먼저 응원합니다.
다만 핵폭탄 떨어진 마음을 잘 관찰하시고 더 아프게 안 하면 되죠…….
아마 이 마음에서 잘 회복하시면 주향 님처럼 마음 여린 분들을 잘 안내할 수 있는 분이 될 거예요.
지금 관찰을 잘하고 계시니까 걱정 마시고 오후에 만나요.^^

9월 18일 월요일

하루를 마감하기 전 감사한 것 3가지
나의 장점 1가지씩 추가
산책과 그럴 수 있다 명상이 진행되었는지 확인바랍니다.
오늘 하루도 내 마음의 도둑에 속지 않고
본래 내 안에 있던 긍정이 주인 되는 하루 되실 거라 소망합니다.

네~ 도둑이 침입하지 않게 제 마음 단단히 할게요.^^
점심 식사 맛있게 하세요.

9월 25일 월요일

네~

그럴 수 있다 명상 놓치지 마시구요.

나의 장점 쓰기 몇 번까지 하셨는지 체크하시고

매일 업로드하셔요.^^

본래 나를 놓치지 마시고

구름이 밀려오면 얼른 알아차리시고 스쳐지나가시고요,

다시 긍정의 나로 돌아오시기 바랍니다.

그러면 점점 참나의 힘이 커지는 걸 느끼실 겁니다.

10월 17일 화요일

8월에 만나서 10월에 헤어지네요.

너무 짧은 시간 만났지만 의미 있는 변화를 이뤄내신 점 축하드려요.

이제 홀로서기가 시작되는군요.^^

시행착오 속에서 내 안에서 발견했던 참마음의 목소리를 놓치지 않기를 소망합니다.

10월 18일 수요일

마음을 정화하는 과정에서 쉽게 떠올릴 수 있는 이미지를(본래 나의 마음과 부정적인 마음) 상담 내내 말씀해주셔서 상담 후 일상생활에서 계속 이미지메이킹 할 수 있어 좋았습니다.

내 안에 나를 가뒀던 부정적인 마음에서 탈출하여 본연의 깨끗한 마음을 되찾게 되어 일상에서 달라진 나의 모습을 보니 스스로 대견스러웠습니다.
인간관계에 대해 회의를 갖고 복잡스러웠던 그때 한줄기 빛을 선사하여 저를 밝은 긍정으로 인도해주신 선생님께 감사드립니다.
헤어짐이 너무 아쉽지만 홀로서기를 해보겠습니다. 감사합니다.

12월 31일 일요일

선생님~ 새해 복 많이 받으세요.^^
저 임신 10주예요.^^
안정된 마음으로 새 생명을 가질 수 있게 되서 기뻐요.^^

넘넘 감사하네요.
우리 아가는 긍정만 닮고 나오길 기도할게요.
사랑합니다.
우리 아가도 감사합니다.

외로움이 준 선물

"자신을 사랑하지 못하면서 밖에 있는 누군가를 어찌 사랑할 수 있는가?"

2008년도 부산일보 강당에서 세미나에 참석하고 연이은 강의 중 들린 이 한마디.

"자기 자신을 사랑하지 않고 밖에 있는 누군가를 어찌 사랑할 수 있는가?"

부드럽고 안타깝게 들린 그 말씀이 나를 관통한 그날. 속마음을 들켜버린 것 같았으나 차라리 마음이 너무 편했다고 할까?

강의를 들은 다음날 학교에서의 수업 시간,

내가 제일 애착을 가졌지만 힘들기도 했던 것은 그림 시간에 너무도 편안하게 아이들과 소통이 되고 하루종일 평온한 마음이 유지되었다, 그것이 학교에서, 집에서 며칠 이어졌다. 늘 꿈꾸던 마음의 상태가 현실이 되었던 2~3일. 그리고 또 내 방식대로 열심히 살다가 세미나를 소개해준 친구들의 간청에 미안하여 성찰 과정을 밟게 되었다. 그것이 내 삶의 방향을 제자리로 돌려줄 줄 그때는 몰랐었다.

나는 정말 나를 사랑하고 싶었다. 방법을 몰랐기에 사랑에 관한 웬만한 책은 다 섭렵했고 외워서 인용은 했지만 되어지지가 않았다. 의도적으로 노력을 했다. 그래서인지 나는 밖으로는 사랑 가득한 사람처럼 보여지고 있었다. 나름 만족하고 살았던 것 같다.

아이들을 입시전선으로 달려가게 하지 않는 부모였고, 승진에 목표를 두지 않고 전인적인 대안교육을 꿈꾸며 언젠가는 학교를 떠나 소탈한 대안활동가로서의 준비를 하고 있었다.

집은 퇴직 후 마을 아이들에게 책 읽어주는 공간으로 만들기 위해 최대한 친환경 인테리어를 하고, 인스턴트를 먹이지 않는 주부로, 가족들에게는 어릴 때부터 높임말을 쓰며 품위 있는 집안을 만들어보고자 현모양처 흉내를 내고 있었다.

세 살 버릇 여든간다는 어른들 말씀이 옳다는 신념으로, 아이가 태어나면 육아휴직을 꼭 실천할 정도로 나는 열심히 살았다. 그런데도 가슴 한구석에 늘 허전한 그 마음의 정체가 무언지 풀리지는 않았다.

'인간은 원래 그런 거야. 외로움의 근원은 원래 있는 거야' 하며 내면의 갈증을 무시하고 외로움을 극복하는 대안으로 열심히 사는 걸 선택했다.

행복하다고 생각하고 살았다. 그것이 내 중심적인 생각일 뿐이었음을 알게 된 성찰시간 때 얼마나 허탈했는지……. 방향을 모르고 헤매었던 내가 불쌍해서였는지 한동안은 돌아보기만 하면 눈물이 나왔다. 허탈하기도 하고 감사하기도 하고 때로 억울하기도 하고…….

그러나 그 허탈의 눈물은 오래 가지 않았다. 토의 안내와 성찰 과정을 통해 막연한 안갯속을 애쓰며 살아온 나를 놓는 자유를 느꼈고 동시에 내가 거쳐 온 수많은 인간관계 속에서 알게 모르게 상처를 주고받았던 마음속 응어리들을 발견하며 용서를 구하는 시간도 가지게 되었다.

가장 원망했던 친정아버지에 대한 관점이 바뀌면서 눈물과 함께 자존감이 회복되는 동시에 가장 많이 미안한 착한 남편…….

내 생각 속에 갇혀서 행했던 나의 삶이 가장 사랑하는 사람들에게 아픔이 될 수도 있었다는 것, 그것을 인정할 수 있었던 용기가 어찌 나왔는지. 나아가 내가 겪은 이야기를 필요한 사람들과 나눌 수 있는 멘토가 되기까지, 돌아보면 감사한 인연들이 참 많다. 내 생활의 중심이 되었던 유리드미 공연도 스톱하고, 3년 동안 진행해오던 대안교육 연수도 갑자기 멈추면서 함께 했던 동료들을 배려하지 못했다. 나를 먼저 돌아보는 시간을 갖게 되면서 잃은 것도 많지만, 잃어야 할 것을 잃었고 새롭게 얻은 것을 바탕으로 성장해야 할 것들이 더 많았다.

첫 성찰 과정을 마치면서 내가 누구인지, 얼마나 사랑받았는지 확연하게 느꼈을 때 내가 처음 한 행동은 남편에게 미안하다는 말을 전하는 것이었다. 결혼 전 내 안에서 해결하지 못했던 모든 것들을 남편에게서 다 채우려 했던 욕심을 고백하였다. 그리고 처음으로 조건 없이 좋은 일을 하고 싶은 마음에 찾아간 할머니 방. 자식을 먼저 보낸 슬픔을 달래던 할머니 방을 닦다가 이부자리 밑에 휴지를 잔뜩 넣어 놓은 이유를 여쭤보며 할머니의 이야기를 들어주던 일이었다.

나도 모르게 시작된 삶의 변화였다.

이제 나는 이전처럼 행복해 보이려고 애쓰지 않아도 괜찮다. 밖에 있는 사랑을 찾으러 헤매던 방향도 바꾸었다. 척하는 것마저 감사함으로 수용하는 여유도 생겼다. 근원적으로 있던 외로움의 원인은 내가 켜켜이 재어놓았던 내 관점의 생각과 감정이었고 그것을 풀어놓고 나니 마음자리가 편안해졌다.

있는 그대로의 나의 삶의 이야기가 필요한 분들과 마음을 나누고 눈앞의 모든 분이 나임을 알아가면서 저절로 마음이 하나됨을 순간순간 체험하고 산다. 또한 가끔씩 척하는 습관이 인지될 때 자기성찰이라는 카드를 함께 쓸 수 있는 벗들이 있다. 어떤 모습으로든 피드백해주는 아들딸과 남편, 가족들이 있다.

행복해 보이려는 마음의 무장 해제, 외로움이 준 선물이다. 외로움 너머 원래 나를 발견한 것, 신나는 삶이다. 곰곰이 생각해보면 지난날의 외로움과 방황이 오히려 약이 된 것 같다. 나는 사랑할 수 있는 마음이 내 안에 있다는 것을 발견하는 디딤돌이 되어주었다. 지금 방황하는 이가 있다면, 지금 외로움을 깊이 간직하고 있는 이가 있다면 다정하게 귓속말을 건네고 싶다.

"방황할 때가 변화하기 딱 좋을 때입니다."

"외로울 때가 참사랑하기 딱 좋을 때입니다."

걸음마를 다시 시작하다

우리 부부가 처음 마인드 UP 교육을 알게 된 건 부산의 한 신문사 사옥에서 열린 세미나에서였다.

우리 가족은 남들이 보기에 '무슨 문제가 있을까?' 할 정도로 평범하고 무난한 가족이었다. 때가 되어 결혼을 했고 아들딸을 낳았고, 소소한 가족 갈등이 있고, 직장생활 보람 있게 하고, 딱히 시댁과의 갈등도 없었고 둘 다 맏이가 아니어서 맏이가 가지는 책임감에서도 가벼웠다.

그러나 마음의 세계에서는 각자가 서로 다른 그림을 그리고 있었던 것 같다. 서로 살아온 환경과 형성된 마음이 다르니 아이 둘이 자라면서 점점 서로에 대한 이해와 소통에 걸림이 되는 일이 불거지기 시작했다. 우리 부모님이 그랬던 것처럼 참고 살아도 큰 문제가 되는 건 아니었겠지만, 수많은 책에서 읽었던 대물림의 원리까지 생각하지 않아도 티격태격하시는 양가의 부모님을 볼 때 나도 그렇게 될 것 같은 불안감이 들었다.

아이들이 자라면서 교육에 대한 가치관이 대립하는 것처럼 보였고 서로의 달랐던 기질이 좋아서 만났던 것이 오히려 소통의 걸림돌이 되면서 마음이 통하는 계기를 찾을 수 있는 교육이 열리는 곳곳을 찾아다녔다. 대화가 좋다는 걸 알고 있었다. 연예시절 매일 만나도 질리지 않던 대화가 어느 날부터 남편은 대화를 싫어하는 사람, 나는 대화에 집착하는 사람으로 되려 상처를 남기는 결과가 반복되었다. 갈등을 회피하는 관계에 익숙해져 있던 어느 날, 남편을 설득하여 함께 찾아간 세미나, 그것이 인생의 전환점이 되었다.

이후 우리는 각자 또는 함께 성찰 과정을 거치면서 묻어두고 회피했던 감정과도 만나고, 서로에 대한 인정과 사랑의 욕구로 마음속에 쌓아놓았던 상처도 털어놓으면서 서로를 깊이 이해해가는 과정을 겪게 되었다. 성찰 과정은 모른다는 것을 알게 된 것, 그것부터가 시작이었다. 대화의 방법, 진정한 대화의 근원, 우리가 대화를 원하는 이유를 모른 채 그저 살아온 습관에 의해 형성된 '나'를 고집하며 상대를 힘들게 하는 원수의 대화를 하고 있었던 우리를 바라보게 되었다.

가족 소통 프로그램 중 우리 가족이 평소 집에서 할 수 없었던 속마음을 나눌 때가 있었다. 안내해주시는 멘토께서 엄마에게 바라는 게 뭔지, 아빠에게 바라는 게 뭔지, 그 아이들을 공감하며 던지는 질문에 딸은 울먹이며 속마음을 이야기하였고 산천 유학 중이던 아들의 입에서는 "나는 사랑하는 사람이 없어요"라는 말이 흘러나왔다. 우리 부부는 아들의 이 한마디에 지금까지 살아온 인생에 무릎을 꿇었다.

이제 아들이 대답한 말의 의미를 조금씩 찾아가고 있다. 나를 사랑하지 못해서 '사랑하는 척하는 삶'을 살았던 시간을 돌아보고 비워내는 연습 과정에서 우리는 서로의 거울 역할을 하였다. 우리 부부는 어느새 홀로서기를 도와주는 서로의 멘토가 되어가고 있었다.

다음은 남편이 작은 잡지에 올린 성찰 에세이이다.

"나는 보통의 삶을 살면서 편하고 즐거우면 그만이라는 생각, 잘 살고 있다는 자신감만 있었습니다. 그러면서도 나에게 어려운 순간이 올 때마다 '왜 하필 나에게만 이런 일이 생기는 걸까?' 하는 원망스런 마음이 가득했습니다. 그런 마음을 묻어두려고 스포츠로, 텔레비전 채널로, 컴퓨터 속으로 피해서 살았습니다.

결혼 생활도 내가 좋아하는 것만을 하면 행복했습니다. 대화를 원하는 아내보다는 고분고분한 아내만을 원했습니다. 내가 형님한테, 부모님한테 고분고분했던 것처럼 아내도 나에게 그러기를 원했습니다. 연애할 때는 당차게 자기 의견을 이야기할 줄 아는 아내가 이뻐 보였는데 말입니다. 자식이 나의 거울이라는 것은 어불성설! '지가 잘못해서 그런 거지' 하며 나를 돌아보는 것을 피했습니다. 솔직히 현재 나의 편안함을 놓고 싶지 않았습니다.

어린 시절의 가난, 완벽주의자로 보였던 형님 뒤에 그림자처럼 지냈던 나의 소심한 삶, 해양 활동 중 불의의 사고로 인하여 산소호흡기를 의존하며 살다 생명의 불꽃이 꺼져가는 우리반 아이를 지켜보며 머리카락

이 다 빠질 정도로 가슴 아팠던 순간, 욕심으로 시작한 기수련으로 상기되어 살았던 고통들을 다시 생각하고 싶지 않았습니다. '그냥 즐겁게 살면 되는데……. 심각하게 참과 거짓을 따질 필요 없이 그냥 살면 되는데…….' 굳이 그것을 들추어서 돌아보는 것이 오히려 상처가 된다고 생각했습니다. 어릴 때 빚보증에 시달리는 우리집을 형님이 감당해내면서 들려준 성장의 스토리가 나에게는 피하고만 싶은 일이었고, 알게 모르게 쌓은 열등감을 들키고 싶지 않았습니다. 그런데 아이들이 크면서 사람 좋다는 평판이 가득했던 나의 아성은 조금씩 무너지기 시작했습니다. 성실 자체였던 딸은 청소년인성캠프 프로그램 중, 부모와의 소통 시간에 나의 컴퓨터 속 비밀스런 여행을 지적하며 울먹였습니다. 착하기만 했던 아들은 청소년기가 되면서 학교 가기를 거부하고, PC방에 다니는 행동들로 나를 화나게 했습니다.

2년 전 여름, 공개 세미나는 이기적이었던 내 삶을 태풍처럼 휘몰아갔습니다. 강의를 들으면서 숨겨두었던 마음의 응어리가 드러나면서 몸과 마음이 병들어 있음을 성찰케 하였습니다. 겉으로 보이는 장애보다 보이지 않는 장애가 더 크다는 것을 알게 되었습니다.

수년 전 나는 기수련의 후유증으로 사물이 여러 개로 겹쳐 보이고 걸음이 잘 걸어지지 않고, 몸도 내 의지대로 움직일 수 없었던 인생의 고비를 겪은 적이 있었습니다. 그땐 왜 그런 일이 일어나는지 몰랐고 당장 눈앞의 어려움을 덮으려고만 애썼습니다. 병원에서 할 수 있는 모든 검사, 민간요법, 최면치료, 병원 상담, 심지어 사람을 불러 제사의식 같은 것도 지냈습니다. 그때 들어가는 돈은 아깝다는 생각조차 할 수 없었습니다. 돈이 문제가 아니었습니다. 그러나 문제의 뿌리는 해결되지 않았고, 깊숙한 그 뿌리는 안 보이는 곳에서 나를 점령하고 있었습니다. 그 고통은 아무도 알 수 없었습니다.

아내는 그럴수록 자신의 일에 더 매진하는 모습이었고 어린 아이들에게 아내는 나의 아픔을 숨겼습니다. 나중에 알게 된 사실이지만 아내는 그때부터 혼자 집안을 꾸려나가야 된다는 결심을 하고 있었다고 하였습니다.

우리 부부는 이런 불안함을 깊숙이 가라앉힌 채 열심히 살았습니다. 당시 나는 운동하고 있는 클럽의 총무를 하고 있었고 사람들의 인정 속에 재미나게 살고 있었습니다. 그러던 중, 하루만이라도 마음이 통하는 날을 살아보자던 아내의 간곡한 부탁으로 방학을 맞은 중2, 초6 아이들은 청소년 캠프로, 아내와 나는 교직원 연수에 참가하게 되었습니다. 교육을 받으면서 가족이 참으로 하나 된다는 것이 무언지 조금씩 알게 되었습니다. 내 의지와 상관없이 마음을 비우고 버리는 과정에서 숨겨놓았던 아픔들이 치유되기 시작했습니다.

착하다는 말을 들으며 자랐기에 그 착함의 기대에 어긋나지 않으려고 나의 모든 감정을 억누르고 살아온 나는 묵혀놓았던 감정을 돌아본다는 것 자체가 힘든 사람이었습니다. 그런데 내 안에 그렇게 많은 눈물이 있을 줄 꿈에도 몰랐습니다. 장대비 오듯 쏟아지는 눈물에 나도 놀랐고 그 깊은 고통의 바다에서 헤쳐나오는 체험도 하게 되었습니다. 그리고 이 모든 고통이 내 욕심에서 비롯되었다는 것을 알게 되었습니다. 인정받고 싶고, 사랑받고 싶고, 잘 살고 싶고, 지기 싫고, 잘나고 싶고,

그것을 표현조차 하기 힘들었던 나…….

지금 우리 가족은 그 욕심의 수렁에서 빠져나오는 연습과 체험을 하고 있습니다. 오랜 습관을 바꾼다는 게 힘든 순간도 있지만 내 안에서 차오는 행복한 마음을 느낄 때면 또 다시 걸어갈 힘이 생깁니다. 연세가 들수록 몸에 모든 정성을 기울이시는 나의 부모님, 평생을 티격태격 하시는 모습을 보고 자랐습니다. 저 역시 똑같은 길을 가고 있는 줄 그때는 몰랐습니다.

이제 제가 부모님께 마음의 걸음마를 걷게 하고 싶습니다. 여전히 나는 '즐거움이 최고다' 하고 살아가고 있지만 마음이 통하는 즐거움이 뭔지 알았기에 그 즐거움 함께할 수 있도록 제가 할 수 있는 작은 실천을 하며 살아가고 싶습니다. "

안말숙

심리학 석사, 청소년상담사, 마인드 UP 교육센터 송도센터장

공립학교 교사로 근무하면서 대안교육을 꿈꾸었다. 영국과 스웨덴에서 보았던 교육현장이 너무 부러웠고 우리 아이들에게 그 세계를 주고 싶었다. 그런데 '나 자신을 사랑하느냐'는 멘토의 질문이 화두가 되어, 가던 길을 멈추었다. 진심Sincerity이 뭔지, 공감Empathy이 뭔지 진솔Open mind함이 어떤 느낌인지 풀잎에 이슬 젖듯 배워가고 있다. 그토록 찾던 대안교육의 핵심은 마음 안에 있었다. 지금 나는 세상이라는 학교에서 직장인, 부모, 가족을 만나고 있다. 그분들과 삶을 나누는 시간은 행복했다. 좌충우돌 변화를 이루어가는 모습을 보며 나를 보듯 기쁘다. 오래토록 이 일을 해도 좋겠다는 마음이 들 정도로 성장시켜준 모든 멘토분들께 감사할 따름이다.

chapter

5

선비가 나를 잡네!

김수식

왜 나의 본래의 양심을 찾으려는지, 왜 다른 이까지 도우려는지. 나의 본래 양심을 찾으려는 것은 행복을 위해서다. 다른 이를 도우려는 까닭은 만남이 그 사람을 변화시키는 데 매우 큰 역할을 하기 때문이다.

빈털터리가 되다

대학 졸업 후 직장생활 1년 만에 결혼을 했다. 고등학교 때 자취를 하면서 알게 된 오빠, 동생이 부부가 된 것이다. 직장생활은 그리 오래 가지 못하고 결혼 1년 만에 그만두게 되었다. 그리고 곧바로 사업에 뛰어 들었다. 적은 월급이 마음에 차지도 않았거니와, 남 밑에서 일하는 것도 맘에 들지 않았다. 그 이유는 가정을 꾸리게 되니 혼자일 때보다 지출도 더 많아졌고, 씀씀이도 커졌기 때문이다. 앞으로 자녀까지 생기면 돈 나갈 곳도 많아지는 것은 당연하기에 미리부터 독립해서 탄탄하게 경제력을 갖춘 가장을 꿈꾸었다.

결혼의 흥분이 채 가시기도 전에 회사에 사표를 던지고 부모님 도움을 받아 스포츠 매장을 열게 되었다. 다소 무리해서 추진한 일이라 아내를 비롯한 주변 사람 대부분이 걱정 어린 시선을 보냈다. 하지만 보란 듯이 해낼 자신이 있었다. 대박은 못 쳤어도 주변 사람들의 염려도 잦아들었고, 부러움을 살 정도로 운영을 해나갔다.

한 해 한 해 큰 고비 없이 매장을 운영해갔는데, 사람의 욕심은 끝이 없다고 하듯이 하나가 채워지면 두 개가 갖고 싶고, 두 개를 채우면 또 세 개, 네 개, 더더더…… 이런 식으로 욕심이 생겼다. 그래서 빚을 얻어 매장을 하나 더 오픈했다.

그런데 이때부터 서서히 매출이 바닥을 향해 가기 시작했고, 장사가 잘 되는 날보다 안 되는 날이 더 많아지면서 나는 매일 술과 친구가 되었다. 장사가 끝나고 거의 매일 술집에서 살았고 밤을 새며 마시는 날도 있었다. 한 달 벌어서 집세 주고 종업원 월급 주고, 회사에 상품대금 지불하고 나면 남는 것은 고사하고 항상 마이너스였고 한 달 한 달 버티는 것이 지옥처럼 느껴졌다.

그렇게 운영해오다 1997년 IMF는 나에게 직격탄을 날렸다. 금리가 오르면서 빚은 감당할 수 없게 되었고 그나마 버텨오던 것마저 완전히 무너뜨렸다. 한순간에 바닥으로 굴러떨어졌고 나는 거대한 빚더미에 올라앉고 말았다.

내가 빚쟁이에 빈털터리가 됐다는 사실이 꿈만 같았다. 인정할 수 없었다. 세상이, 운명이 왜 나를 구렁텅이로 밀어넣었는지 이해가 가지 않았다. 세상을 원망하고, 운명을 탓하기만 하다 보니 좌절감만 쌓여갔고 사람들까지 기피하게 되었다.

삶의 의욕마저 잃고 살아가던 중 문득 '이렇게 살아서 뭐해?' 순간

'자살'이라는 단어가 떠올랐다. 그와 동시에 몸이 자동으로 움직였다. 아무런 생각도 없이 무작정 차를 몰았다. 그렇게 한참을 몰아 도착한 곳은 어느 바닷가였다.

일단 가게에서 소주 한 병을 샀다. 차 안으로 들어가 그것을 입에 들이부었다. 그러면서 수만 가지 생각들이 지나갔다. 가장 먼저 배우자가 떠오르고 다음으로는 부모님이 떠올랐다.

지금껏 부모님을 위해 자식 된 도리를 한 것이라고는 아무것도 없었다. 부모님 재산을 갖다 쓸 줄만 알고 용돈 한 번도 제대로 드린 적이 없고, 맛있는 음식 한 번 대접해본 적도 없었다. 그렇다고 귀여운 손주라도 안겨드려야 하는데 나에겐 그것마저도 허락하지 않았다.

부모님은 어릴 때부터 나에 대한 기대가 많으셨다. 초등학교 5~6학년 때는 그래도 반에서 1, 2등은 했으니까 내심 기대도 많이 하셨을 것이다. 그래서 아버지는 나에게 "너는 커서 나중에 선생하면 딱 좋겠다"고 말씀하시곤 했다. 그 생각이 멈추고 지금의 나 자신을 보니 한숨이 절로 났다.

이어서 배우자를 떠올려보니 결혼하기 전에 배우자에게 해줬던 말이 떠올랐다. "물질적으로는 풍족하게 못해주더라도 마음만은 편하게 해줄게"라고 했던 말이……. 거기에 생각이 닿자 울컥 눈물이 쏟아졌다. 경제적으로뿐만 아니라 수시로 하는 말다툼으로 얼마나 아내를 힘들게 했던가? 능력도 없고 돈도 없는 남편을 만나 지금까지 살아준 것에 미안한 마음이 들었다.

부모님을 생각하면 장남으로서 빨리 경제적 안정을 찾고, 넉넉한

집에서 편히 모시고 싶은 꿈을 가졌었다. 그런데 그 모든 것이 물거품이 되어버린 지금, 이대로 바닷속으로 나의 흔적을 지워버리고 싶은 충동이 들었다.

그 순간 나의 행동을 멈추게 한 것이 있었다. 갑자기 낯익은 음성이 들려왔다.

"너 이렇게밖에 살지 못할 거면서 왜 그리 욕심 부리고 살았어?"

"너 이렇게 살다 말라고 낳은지 알아?"

그래서 생각을 바꾸고 나 스스로에게 이렇게 말했다.

"그래! 나에게도 한 번의 기회는 더 있을 거야!"

나는 귀하게 자란 선비

강사를 하고 있는 나는 왜 자신을 먼저 사랑해야 하고,
다른 사람까지도 기꺼이 사랑하고 도와야 하는지를 묻는다면,
달마가 가리키던 그 '달'을 보았기 때문이라 말한다.

어린 시절 나는 옛날 말로 양반 행세깨나 하던 선비 집안의 종손으로 태어나 귀한 자식 대접을 받고 자랐다. 어머니는 김씨 가문 종갓집 며느리로 시집을 왔다. 가문을 이으려면 아들을 낳아야만 했다. 그런데 딸만 셋을 내리 낳자 집안 분위기가 어두워지면서 유독 할머니로부터 심한 구박을 받으면서 사셨다고 한다. 그렇게 모든 것을 다 참고 견디다 드디어 아들을 얻게 되었다. 집안 어른들의 따가운 시선 속에 그토록 바라시던 아들을 얻게 되었으니 얼마나 기뻤겠는가?

그렇게 태어난 나는 집안 어른들의 귀여움을 독차지했다. 밥을 먹을 때도 할아버지, 증조할머니 그리고 나, 이렇게 셋이서만 겸상을 하는 특권까지 누리게 되었다. 그렇게 어린 시절부터 대접만 받고 살아온 나는 성인으로 성장하면서 여전히 남에게 대접받는 것이 당연한 것인

줄 알고 살았다.

남들은 좋은 환경에서 온갖 사랑과 대접을 다 받고 자라서 좋겠다고 하겠지만 나로선 오히려 인생이 꼬일 수밖에 없는 환경에서 자란 셈이 되었다.

직장생활도 적응하지 못하고 1년 만에 그만두었다. 다른 사람 눈치 보는 것도 불편하고 힘들었기에 '사장'으로 사는 것이 편하고 좋을 것 같았다.

그렇게 시작한 스포츠 브랜드 사업은 내 모든 것을 잃게 만들었고 죽음 직전까지 가게 만들었다. 그럴 즈음 지인으로부터 마음공부를 소개받고 교육을 받기 시작한 것이다. 교육을 받는다고 해서 삶의 모든 문제가 한순간에 다 해결되는 것은 아니었지만 그래도 나는 단시간에 교육의 효과를 톡톡히 봤다.

우선 마음이 편해졌고, 무엇보다도 나의 근원을 알게 된 것이 가장 큰 수확이었다. 마음공부를 통해 과거 기억된 생각이 나의 삶 전체를 조종하고 있다는 것과, 그것이 본래부터 내가 가지고 있었던 본래의 양심을 가리고 있었다는 것을 알게 되었다.

돌아보기 과정을 통해 과거 기억 속에 담아놓은 생각과 감정을 하나하나 떠올려, 그때 어떤 생각이 들었고, 그때 느꼈던 감정은 무엇이었는가를 찾아보는 일은 나로선 익숙치 않은 작업이었다. 그러나 끈기 있게 자신의 삶을 돌아보면 내가 미처 잊고 살았던 것들도 문득문득 떠올려지기도 한다.

그렇게 해서 떠올려진 것을 그때의 감정으로 표현하는 과정을 반복적으로 하다 보니 저절로 마음이 비워지고, 비워진 그 자리에 본래의 맑고 청청한 근원의 나를 만나게 되었다. 고통 속에 살아왔던 나를 마음으로 버려보니 '아! 이 마음은 본래 없는 마음이었구나, 없는 마음을 내가 붙잡고 살아 왔었구나'라는 것을 순간에 깨닫게 되었다. 그와 동시에 '그래. 이제부터라도 열심히 살면 되겠어! 지난 과거는 다 지우고 버렸으니 이제 다시 시작하자!'라는 자신감도 생겼다.

우선 일자리부터 찾았다. 다행히 스포츠 매장을 운영하던 시절 사귀게 된 친한 선배와 연이 닿았다. 그 선배는 아웃렛 매장을 운영하고 있었는데, 나에게 운영을 부탁했다. 쉽게 말해 월급사장으로 앉혀준 것이다. 월급사장이라도 사장은 사장이다. 남 밑에서 일하는 것을 싫어하는 나에겐 딱 맞는 자리였다.

마음공부도 했으니 나를 믿고 써준 선배를 실망시키지 않기 위해 열심히 일했다. 정말 소처럼 우직하게 일에만 매달렸다. 사장 행세를 한 게 아니라 평범한 종업원처럼 현장을 뛰었다.

그러나 시간이 갈수록 기운이 빠져갔다. 일한 만큼의 대가가 손에 쥐어져야 신이 나는 게 인지상정인데, 아무리 열심히 살아도 나에게는 그 신명을 맛볼 수가 없었다. 스포츠 매장을 하다 짊어진 빚 때문이었다. 월급은 들어오는 족족 채무 변제로 빠져나갔다. 오전 10시부터 밤 10시까지 12시간 노동을 하는데 돈 한 푼 구경을 못하니 보람을 느낄 수가 없었다. 서너 달은 그나마 버틸 만했지만 그런 무일푼의 생활이 계속되자 인생이 허망하게 느껴졌다. 그런 세월이 2년 가까이 계속되었다.

그런 와중에 나를 짓누른 것이 또 한 가지 있었다. 선배의 비인격적인 대우였다. 빌빌대는 인생 거두어준 은혜로 참고 견뎠지만 나도 사람인지라 서운했다. 원래 친한 사람이었기에 그의 말투나 잔소리에 더 인격적인 모독감을 느끼게 되었다. 갈등이 심해지자 반복적으로 찾아오는 모욕감은 돈을 못 버는 것보다 몇 배 더 나를 고통스럽게 만들었고 언제 마음공부를 했나 싶을 정도로 하루하루가 힘들었다.

힘든 마음을 추스리기 위해 다시 마음공부를 시작하게 된 나는 이전보다 더 열심히 자신을 성찰해갔다. 나 자신이 이렇게 힘든 것은 그 선배의 탓이 아니었다는 것을 공부가 더 깊어지면서 알게 되었다. 그 선배는 자기가 돈을 투자해 벌인 사업이니 충분히 그렇게 할 수 있었지만, 내 입장에서만 생각했기 때문에 그 사람 입장을 충분히 헤아리지 못했음을 알게 되었다.

그리고 그 선배를 탓하고 원망했던 이유는 다름 아닌 나에게 있었다. 어릴 때 나의 성장과정에서 보듯이 늘 대접만 받고 살아온 나는 그 누구에게도 싫은 소리를 들으면 견디지 못한다. 사람들이 나를 대접하는 것이 당연한 것인 줄 알고 자라왔기에 그 선배에게도 똑같이 '나 좀 대접해줘' 하는 마음이 있었던 것이다. 지금껏 원망하고 탓했던 나 자신이 미안하고 부끄러운 마음이 들었다.

마음공부란 무엇인가?

마음공부란 대체 무엇인가? 사람마다 정의가 다를 수 있겠지만, 나는 "자신의 삶을 돌아보고 마음에 맺힌 상처를 버리는 것"이라고 정의한다. 묵은 상처를 버리면 본래의 마음(본성, 인성, 양심 등으로 표현할 수 있다.)을 되찾게 되는데, 이것이 마음공부의 완성이다.

나는 마음공부를 하려는 이들의 멘토 역할을 하고 있지만 아직 마음공부의 완성을 이루지는 못했다. 끊임없이, 여전히 공부하는 중이다. 그래도 젊은 날에 비해 마음이 편해졌다. 모든 것이 멘토의 가르침 덕분이다. 멘토와의 만남이 나를 발전시켰다. 나는 멘토를 통해 어느 정도 본성을 찾았고, 그래서 행복하다.

나는 두 가지 화두를 붙잡았다. 왜 나의 본성을 찾으려는지, 왜 다른 이까지 도우려는지. 나의 본성을 찾으려는 것은 행복을 위해서다. 다른 이를 도우려는 까닭은 만남이 그 사람을 변화시키는 데 매우 큰 역할을 하기 때문이다. 멘토와 나의 만남에서 내가 변화했다. 그렇듯 나와 누군가의 만남에서 내가 변화의 촉진제가 되기를, 나는 바란다.

마음공부는 "자신의 삶을 돌아보고 마음에 맺힌 상처를 버리는 것"인데, 도대체 이건 어떻게 실행에 옮겨야 할까? 대답은 나의 고백으로 대신한다. 이 고백을 듣고 나면 절로 고개가 끄덕여지리라 믿는다.

나는 아내와 사이가 좋지 못했다. 사랑해서 결혼했지만, 사랑하며 살지 못했다. 우리 부부는 아기가 없었다. 아내도 나도 불임의 몸이 아니었다. 온갖 검사를 다 해봤지만 의학적으로는 아무 문제가 없었다. 그런데도 아기가 생기지 않으니, 답답함이 이루 말할 수 없을 정도였다.

종갓집 장손이라는 그 알량한 지위가 더 숨통을 죄었다. 부모님은 대를 이어야 한다는 책임을 틈만 나면 강조하고 강요했다. 그 책임을 지기 싫어서 일부러 아기를 안 갖는 것도 아닌데, 내 고충을 몰라주는 부모님이 야속했다. 당연히 그 책임에서 며느리인 아내도 자유로울 수 없었다.

문제는 우리 부부가 서로의 부담을 덜어주고 어루만져주는 데 미숙했다는 점이다. 어려울수록 똘똘 뭉쳐야 하는데 걸핏하면 다퉜다. 웃는 날이 줄어들고, 미움과 원망이 빗발치는 날이 늘어갔다.

엎친 데 덮친 격으로 스포츠 매장이 망하면서 경제적인 문제까지 끼어들었다. 그 바람에 부부 사이는 회복하기 어려울 정도로 벌어져갔다. 아내와의 갈등에 지친 나는 집 밖으로 나돌기 시작했다. 다른 여자에게 눈을 돌리기까지 했다. 그 여자와 친분이 쌓이면서 확 아내와 이혼해버릴까 하는 마음까지 먹었다.

다행히 이혼은 하지 않았다. 여자와의 관계도 정리하고, 가정을 지켰다. 내가 더 크게 엇나가지 않을 수 있었던 것은 마음공부 덕분이다. 마음공부의 끈을 놓았더라면 나는 나락으로 떨어졌을지도 모른다. 마음공부를 하면서 나는 깨달았다. 지금껏 나는 나의 삶을 되돌아보고 그 원인을 찾지 않고, 아내 탓을 하며 살았다는 사실을. 아기가 안 생기는 것도, 부부의 신뢰가 깨진 것도 죄다 아내 탓으로 돌리고 살았던 것이다. 원인 제공자는 나였다. 모든 문제는 나에게서 비롯된 것이었다.

그렇게 스스로를 되돌아보니, 부모에 대한 원망과 아내를 향한 미움을 버릴 수 있었다. 아니, 부모의 아픔과 아내의 아픔을 느낄 수 있었고 어리석게 굴었던 잘못을 깨닫게 되었다. 마음공부 때문에 다행히 상처를 딛고서 제자리로 돌아올 수 있었다.

아내와 불화를 겪고 있을 때 멘토가 해준 말이 있다. 얼핏 우스갯소리로 들릴 수도 있지만 내겐 심오한 이야기였고 위로의 말이었다.

"무자식이 상팔자야."

아기가 없어 괴로워하는 이에게 건네는 위로로 썩 적당한 말은 아니다. 그런데 이어진 멘토의 말에 나는 수긍하고 말았다.

"자식이 없으면 앞만 보고 갈 수 있잖아. 본인의 마음을 갈고닦는 일에만 집중할 수 있다는 얘기야. 자식이 있으면 자식의 본성까지 챙겨야 하는데, 그게 쉬운 일은 아니지."

자식이 없으면, 그걸 운명으로 받아들이고서 나의 본성(인성)을 찾는 일에만 매진하면 될 터였다. 그렇게 생각하자 마음이 한결 가벼워졌다.

청소년에서부터 성인에 이르기까지 멘토를 경험해본 나는 비록 내 아이는 아니더라도 힘들어 하는 아이를 볼 때마다 마음이 아팠다. 어떻게든 그 아이의 마음을 헤아려 보듬어주고 싶었다. "그래! 나에게 아이가 없는 건, 바로 이런 아이들을 보살펴주라는 거야!"라는 생각이 들었다. 실제 이 마음으로 청소년 캠프를 진행하였다.

사람들은 묻는다.

"그래도 자식 낳고 싶은 생각은 없으세요?"

그럴 때마다 나는 이렇게 말한다.

"이 세상 모든 아이가 내 아이들입니다."

마음공부가 어렵습니까?

고백은 이쯤에서 마치고, 이제 마음의 상처를 푸는 방법에 대해 이야기해야겠다. 단도직입적으로 말해 마음의 상처를 푸는 방법은 마음공부가 제일이라고 본다. 등산을 한다거나, 노래방 가서 꽥꽥 소리를 지르면 속이 시원해지기도 하겠지만 이런 것들은 일시적인 해소감만 줄 뿐이다. 즉 임시방편일 뿐 근본적인 해결책은 아니다. 거듭 반복하지만, 철저하게 자기를 돌아보고 상처를 버리는 것이 답이다.

모두가 '내 탓'이라 여겨야 한다. 원수지간의 사람도 따지고 보면 자신이 만든 것이며, 상처도 자신이 키우는 것이다. 그런데 모두를 자신의 탓으로 돌리고 살면 심하게 주눅이 들거나 자괴감에 빠지지는 않을까? 상처를 깨끗이 버리지 못하면 그런 상황에 처할 수도 있다. 이를 방지하기 위해서라도 마음공부가 필요하다.

먼저 개체마음과 전체마음을 알아두자. 개체마음이란 쉽게 말해 '자신이 먹은 마음'이다. 전체마음이란 '우리의 양심' 정도로 표현할 수 있다. 우물가로 멋모르고 기어가는 아기를 구해주려는 마음, 교통사고를 당한 사람을 안타까워하는 마음 등 우리 모두가(전체가) 지니고 있는 선한 마음이다.

개체마음에 매여 있는 사람은 전체마음을 내기가 어렵다. 전체마음을 내면 자신이 행복해진다. 이건 맛본 사람만이 알 수 있다. 또한 전체마음을 내는 사람이 많아지면 살기 좋은 세상이 찾아온다는 것은 자명한 이치다. 이를 염두에 두며 마음공부를 시작하면 공부가 한결 수월해질 수 있다.

멘토인 내가 마음공부 시간에 사용하는 개체마음 버리는 법을 소개한다.

먼저 자신이 살면서 어떤 것이 가장 힘들었는지를 물어본다. 그러고 나서 그 마음이 언제부터 생겼는지 차분히 자신의 삶을 돌아보게 한다. 그렇게 삶을 돌아보다 보면 그때 왜 그 생각을 했고, 그때 주로 느꼈던 감정은 어떤 것이었는지를 꼬리에 꼬리를 물고 찾아보게 한다. 그렇게 해서 마음이 생기게 된 원인을 하나하나 찾아가는 것이다. 원인을 찾아야 해결책도 찾을 수 있기 때문이다.

이제 원인을 찾았다면 그때 자신이 가지고 있는 감정을 상대가 내 앞에 있다고 상상하고 그 상대에게 있는 그대로 표현하거나 글로 써보라고 권한다. 내가 담아놓은 생각과 감정은 밖으로 끄집어내지 않으면 절대 버려지지 않기 때문이다.

어떤 사람은 "나는 더 이상 생각하기도 싫어", "다 지난 일이기 때문에 기억에도 없어"라고 하신 분도 있다. 그러나 한 번 저장된 감정은 세월이 지난다고 해서 없어지는 것이 아니다. 단지 기억에서 잊고 있을 뿐이다. 그러다 비슷한 상황이 생기면 과거에 저장되었던 기억과 함께 그 감정은 더 크게 올라온다. 따라서 그 마음을 버리지 않고는 어떤 상황에서도 자유로운 영혼이 될 수 없다.

마지막 단계에서는 상상력을 동원하여 그 마음을 의식으로 버리게끔 안내해준다. 내 안의 본성인 전체마음이 개체마음을 버려줄 것이라 믿고 버리면 실제로 버려짐을 많은 참가자들이 몸소 체험했다.

이제야 고백하지만 내가 처음 마음공부를 시작할 당시 개체마음을 제대로 버리지 못한 이유가 있다. 본성에게 맡기지 못한 탓이다. 본성이 개체마음을 버려줄 것을 믿고 맡겨야 하는데 나는 자꾸만 '내'가 하려고 몸부림쳤다.

어찌 됐든 모든 원인을 자신의 탓으로 돌리기는 쉬운 일이 아니다. 많은 마음공부 참가자들이 그러하고, 나 역시 그러하다. 사회가 부여한 죗값을 치르고 있는 수형자들의 경우 그 정도가 좀 더 심한 편이다. 그들은 여타의 사람들보다 대체로 남 탓을 더 많이 한다.

재소자 인성교육을 진행하면서 만난 사람들은 대부분 그랬다. 자신이 이곳에 갇혀 있게 된 원인을 다른 사람 탓으로 돌리는 경우가 많았다. 수형자들을 비하하려는 뜻이 절대 아니다. 수형자들이 처한 환경을 생각하며 그들의 마음을 살피고 헤아리는 일도 마음공부라는 것을 말하려는 것이다.

수형자들이 원망하는 '남'이 혹시 '나'는 아닐까? 의도했든 의도하지 않았든 '나'는 누군가를 수형자로 만드는 데 일조하지 않았을까? 세상일은 모르는 것이다. 당장 내일 자신이 수형자로 신분이 바뀔 수도 있다. 그런 불행이 일어나지 않으리라고 장담할 수 없다.

꼭 그래서는 아니지만, 수형자를 욕하고 손가락질할 필요는 없다. 그들도 '나'와 더불어 살아가는, 살아가야 할 사람일 따름이다. 수형자를 미워하는 것은 개체마음을 만나는 것임을 알아야 한다. "죄는 미워하되 사람은 미워하지 말라"라는 케케묵은 경구를 곰곰이 되새겨보자.

그래도 마음을 바꿔먹는 수형자들을 심심찮게 만나기도 한다.

"제가 처한 상황이 남 때문이 아니라 저 때문이라는 것을 깨달았습니다. 교도소를 나가면 앞으로는 바르게 살도록 노력할 겁니다."

이와 같이 변화하는 수형자를 만나면 멘토의 심장은 뜨겁게 뛴다. 그 수형자가 어찌나 고맙고 예뻐 보이는지…….

내친 김에 마음공부 참가자들의 이야기를 조금만 꺼내야겠다. 수많은 사람들이 내 가슴을 울리고 진한 인상을 주었지만 전부 소개하지 못해 섭섭하다. 그들의 사적인 부분이 오롯이 노출될 위험이 있기에 축소해서 밝히는 것 역시 아쉽다. 진의가 잘 전달이 될 수 있을지 염려된다는 뜻이다.

먼저 최선옥(가명) 씨를 소개한다. 최선옥 씨는 한 아기의 엄마인데,

나를 찾아왔을 때 아기가 아직 젖먹이였다. 그런데 사랑스러운 아기를 품에 안은 엄마의 얼굴에 수심이 가득했다. 사연을 듣고 보니 아기는 선천적으로 난치병을 앓고 있는 중이었다.

최선옥 씨는 아기가 병을 가지고 태어날 줄은 꿈에도 몰랐다. '전생에 무슨 죄를 지었길래 이런 가혹한 일을 당하나?' 하는 생각마저 품었다. 그래도 배 아파 낳은 자식, 정성을 다해 키우려고 노력했다. 하지만 현실은 엄마의 의욕을 번번이 꺾었다. 너무 힘이 들었다.

힘든 나머지 최선옥 씨는 잠깐 나쁜 마음을 먹었다.

"아기를 감당하지 못하겠더라고요. 제발 누가 좀 대신 키워주면 좋겠다 싶었습니다. 그래서 남의 집 문 앞에 살짝 놓고 올까 하는 생각을 했습니다."

최선옥 씨는 그 생각을 실천에 옮기지는 않았다. 그런데 그런 마음을 먹은 뒤부터 아기가 이상해지기 시작했다. 엄마 곁에 찰싹 붙어 있으려고만 했고, 엄마가 조금이라도 곁을 뜨면 자지러지게 울어댔다. 그것보다 더 희한한 일은 아기가 잠을 안 잔다는 것이었다.

"아기가 잘 때도 눈을 뜬 채 자더라고요. 참 별일이다 싶었는데, 한순간 아기에 대한 미안한 마음이 복받쳤습니다. '엄마가 너 버리려는 줄 알고 눈을 안 감는구나. 미안하다, 아가야.' 아기에게 이렇게 사과했어요. 양심에 찔려 혼났습니다."

아기의 병은 골형성부전증으로 특별한 원인이 없이도 뼈가 쉽게 부러지는 선천성 질환이다. 최선옥 씨가 자신의 삶을 돌아보는 과정에서 아기에게 먹었던 마음을 찾아내고 아이에게 미안한 마음을 진심으로 사과한 후 그 아이는 거짓말처럼 눈을 감은 채 잠을 잘 수 있었고 엄마에게 보채지도 않게 되었다. 최선옥 씨는 스스로를 뉘우치며 마음을 고쳐먹었다. 정말 다행스러운 일이다.

최선옥 씨는 마음공부를 통해서 아이의 마음을 더 세세히 헤아리는 육아법을 배웠다. 난치병 아기를 키우는 어려움은 당해보지 않은 사람은 실감하지 못한다. 그 힘든 일을 해내고 있는 최선옥 씨의 가정에 서서히 행복이 피어나리라 믿는다. 엄마가 변화했기에 충분히 가능하다.

마음은 유전된다. 부모 자식 간에는 더욱 그렇다. 부모가 먹었던 마음을 아이가 행동으로 표출하는 일은 빈번하다. 가령 부모가 돈에 대해 지나치게 욕심을 품었다면 아이는 남의 돈에 손을 대기도 한다.

실제로 마음공부 참가자 가운데 이와 비슷한 사례를 겪은 사람이 있었다. 조그맣게 장사를 하는 분이었는데, 그분은 늘 현금이 쪼들려서 장사에 보람을 느끼지 못하고 있었다.

"임대료 내고, 세금 내고, 종업원들 월급 주고. 그러고 나면 손에 쥐는 현금이 없어요. 게다가 손님들은 대부분 카드 결제를 하니까 더 그래요. 뼈 빠지게 벌어도 당장 쓸 돈이 주머니에 채워지지 않으니 살맛이 안 납니다."

그분의 푸념이 사실 특별하다고 손가락질할 것은 아니었다. 소규모의 장사를 하는 상인이라면 누구나 가질 법한 욕심이었다. 문제는 그 욕심에 지나치게 매여 있다는 점이었다. 그러니 장사에 의욕도 떨어지고 살맛도 안 나는 게 당연했다. 그분에게는 '그러려니' 하는 마음가짐이 꼭 필요했다.

그렇게 현금에 목말라했으나 정작 현금은 다른 사람 손아귀에 들어갔다. 어느 날 그분 아들이 아버지의 신용카드를 몰래 훔쳐서 상당한 금액의 현금을 인출해간 것이다. 아들에게 어떤 피치 못할 사정이 있었는지는 모르겠지만, 현금을 향한 부모의 욕심이 이런 불상사를 불러올 수도 있다는 것이다.

이런 행동을 한 아들을 향해 엄마는 야단 대신 아들을 조용히 불렀다. 그리고 그에게 물었다.

"아들아, 왜 그런 거니? 돈이 필요했던 거야?"

"그냥요, 돈이 딱히 필요해서라기보다는 그냥 현금을 갖고 있으면 든든할 것 같아서요."

이 말을 들은 엄마는 그만 할 말을 잊고 말았다.

잠시 숨을 고른 엄마는 아들에게 이렇게 말했다.

"아들아, 너를 탓할 수가 없구나! 엄마가 잘못한 것 같아. 사실은 엄마 마음이 그랬단다. 가게를 하다 보니 항상 현금이 부족해서 원하는 만큼의 현금을 손에 쥐어봤으면 하는 마음이 엄마에게 늘 있었단다. 이제는 엄마가 그 마음을 갖지 않을 테니 너도 다음부터는 그런 행동을 하지 않을 거라 믿는다."

기어가는 목소리로 아들이 말했다.

"엄마 잘못했어요. 다시는 그러지 않을게요."

엄마는 아들을 힘껏 안아주었다. 그 후로 아들은 바르게 성장하여 지금은 군 복무에 충실하고 있다. 군에서 제대하면 마음공부를 더 열심히 해서 멘토가 되고 싶다고 한다.

이 사례에 비추어볼 때, 부모가 어떤 마음을 먹는지의 여부에 따라 자녀 교육에 큰 영향을 미친다는 것을 알 수 있다.

다음은 박호연 씨(가명)가 마음공부를 해오면서 직접 느끼고 변화된 자신의 체험을 기록을 옮겨본다.

박호연 씨는 선천적으로 불안감을 가지고 태어났다. 마음을 돌아보면서 그 이유를 알았다. 어머니는 그를 낳기 전에 이란성 쌍둥이인 형과 누나를 낳으셨는데, 아들인 형은 살아남았지만 누나인 딸은 태어나 며칠 만에 죽고 말았다. 나중에 안 사실이지만, 쌍둥이 누나는 젖을 물리지 않아서 굶어 죽었다는 것을 알게 되었다.

그때만 해도 집안 어른들은 아들 선호사상이 뿌리깊게 박혀 있어서 딸을 낳으면 못마땅해하셨다. 하물며 성이 다른 쌍둥이가 나오면 아들이 다치거나 단명한다는 설도 있었다. 그렇게 누나는 태어나 엄마 젖 한 번 빨아보지 못하고 억울하게 죽었던 것이다.

그 이후로 어머니는 늘 불안한 시집살이를 해야 했다. 그 불안한 마음에서 박호연 씨를 임신했고, 어머니의 불안한 마음을 그대로 가지고 태어난 그는 항상 뭔가 모를 불안증을 가지고 살았다.

초등학교 때는 책갈피 끝이 찢어져 있었고, 나중에는 소파를 뜯는 버릇도 생겼다. 대학 졸업하고 사회생활에도 적응을 하지 못했다. 그래서 장사를 시작하게 되었다. 장사를 하면서도 불안증은 가시지 않았다. 손님과 사소한 것에서부터 받은 스트레스는 이루 말할 수 없이 많았다.

그로 인한 우울감이 더해져 홧병까지 얻게 되었다. 그 홧병이 쌓이고 쌓여서 몸은 극도로 안 좋아지기 시작했다. 병원에서 건강진단을 받아도 아무 병명도 없었고, 점쟁이를 불러 굿도 해봤지만 별 소용이 없었다. 별의별 민간요법도 다해 보고 단전호흡에 아바타 코스도 해봤지만 오히려 역효과만 일어났다. 결국 자포자기하는 심정이 되었다. '인생 이렇게 살다 죽겠구나!' 하는 마음으로 체념하면서 살았다고 한다.

그러는 와중에 어머니가 갑자기 돌아가시게 되었다. 병에 걸려 돌아가신 것도 아니고, 저녁에 식사하시다가 갑자기 쓰러지셔서 그 길로 돌아가시게 된 것이다. 너무나 황당해서 눈물도 나지 않았단다.

그렇게 어머니를 보내드리고 1년 지나서부터 갑자기 죽음에 대한 공포가 몰려왔다. 남들은 잘 이해하기 힘들겠지만 그로선 심각했다. '이젠 정신병자로 살다가 죽는 건 아닌가?' 하는 생각까지 하게 됐다.

이렇게 하루하루를 겨우 버티다 마음공부를 먼저 한 조카의 소개로 지금의 교육을 만나게 되었다. 다음은 박호연 씨의 체험담이다.

> 처음에 강사님이 돌아보기를 시켜주시는데 나는 도저히 따라 할 수가 없었다. 그냥 눈을 감는 것 자체도 힘들었다. 그래서 방법을 바꾸기로 했다. "그냥 지금 생각나는 것을 말로 표현해 보세요!"라고 강사님이 말했다. 그러자 마치 기다렸다는 듯이 내 입에서 끝도 없이 말이 이어졌다. 아까 했던 말 또 하고, 했던 말 또 하고, 했던 말 또 하고를 끝없이 반복했다. 그런 나를 강사님은 "아, 그랬어요. 얼마나 힘이 드셨어요"라며 계속해서 내 말에 공감해주고 끝까지 들어주었다. 그렇게 시작해서 한 달이 가

고, 두 달이 가고, 세 달이 가고…… 시간이 지나면서 조금씩 조금씩 변화가 일기 시작했다. 마음공부를 하면서 알게 된 사실은 한 번에 모든 것이 다 바꾸어질 수 없다는 것이다.

박호연 씨가 처음 여기 올 때만 해도 부정의 마음이 거의 100%였다. 100% 부정적이면 더 이상 살아낼 힘이 없다고 볼 수 있다. 그러나 죽음의 문턱에서 이제는 희망을 보게 되었다. 마음공부 시작한 지 5개월째 되는 어느 날, 한 회원에게서 캠프 참여를 권유받았다. 집 밖을 나가기조차 힘들어했던 그였지만 웬일인지 그 권유를 순순히 받아들인 것이다. 그 모습을 보며 자신도 속으론 약간 놀라워했다.

캠프를 통해 결정적으로 자신감을 갖게 된 계기가 있었다. 그의 눈에는 함께 참여했던 분들 중 기존에 마음공부를 하고 계신 분들의 모습이 너무나 밝고 편해 보였던 것이다. 그분들의 사연을 들어보니 그보다 더한 사람도 많았다. 거기에 비하면 '나는 별 것 아니구나!'라는 생각이 들 정도였다고 한다.

그런데 "어떻게 저렇게 밝을 수가 있지?" "나도 저렇게 될 수 있을까?" "저렇게만 된다면 참 좋겠다"라는 생각을 하게 되었다. 그러면서 "나도 희망이 있구나!" 이제부터라도 제대로 마음공부를 해봐야 되겠다는 다짐을 하였다.

결국 모든 사람들은 각자가 가지고 있는 삶의 문제들을 한두 가지는 다 가지고 산다. 그러나 그것은 환경을 탓하기 이전에 내가 만든 마음 때문에 힘들었다는 것을 알았다. 그 마음을 버릴 수 있는 것 또한 자기 자신밖에 없다는 것도 알았다.

거기에 생각이 닿는 순간 "이 마음만 버리면 나도 저 사람처럼 될 수 있겠다"는 자신감이 생겼다. 지금은 그에게는 불안감이나 죽음에 대한 공포는 더 이상 사라지고 없다.

박호연 씨는 여기까지 오는 동안 끊임없이 마음이 왔다 갔다를 반복했지만, 끝까지 포기하지 않고 붙들어준 전체마음에 감사하다고 말한다. 하루하루가 즐겁고 행복해 보인다.

달을 보고 나를 보라

공부한다고 누구나 대학입시에 합격하는 것이 아니듯, 마음공부를 한다고 누구나 변화와 개선의 열매를 맺는 것은 아니다. 별 소득을 얻지 못하는 사람도 간혹 있다. 그러나 최선옥 씨와 장필우 씨, 그리고 박호연 씨의 사례를 통해 의욕을 가졌으면 좋겠다. 마음공부는 쉬운 일은 아니지만 불가능한 일도 결코 아니다.

십 년 넘게 멘토로 일하면서 만난 참가자 대부분은 마음이 다치고 아픈 사람들이 많았다. 우울증, 자살 충동, 가정불화 등 다양한 고통 속에서 허우적대던 사람들이 마음공부를 통해 새 삶을 얻었다. 나는 멘토로서 누구든지 만날 준비가 되어 있다. 언제든지 따뜻하게 반겨줄 마음을 갖고 있다.

노파심에 한 가지 이야기를 덧붙인다. 선행善行도 상처를 만들 수 있다는 사실이다. 선행을 행할 때 보상을 바라면 상처가 생길 수 있다. 선행은 순수하게 선행으로만 그쳐야 한다. 가령 거리에서 구걸하는 사람에게 동전 한 닢 건넬 때 걸인에게 보상을 바라는 경우는 드물다. 그런데 결혼 축의금을 낼 때, 고민 상담하는 친구에게 술 한 잔 살 때, 누군가의 잃어버린 핸드폰을 찾아주었을 때 많은 사람들이 은근히 보상을 기대한다. 그리고 베푼 만큼, 또는 기대만큼 보상이 돌아오지 않는다면 상처받는다. 이런 상처들이 쌓이면 '업業'이 된다. '착한 일'을 가리키는 '선업善業'과는 정반대 의미의 선업이 되는 것이다.

어떤 면에서 이 새로운 의미의 선업은 악업惡業보다 그 영향력이 크다. 악행에는 그에 따른 처벌 또는 대가가 따른다. 사회적 형벌, 주변인들의 질타, 도덕적 제재 등이 이에 속한다. '완전범죄'를 저질러 이들을 피해갔다 해도 죄책감이나 불안감에서 자유롭기는 어려운데, 이런 마음의 부담도 악행에 대한 대가다. 여하튼 대가를 치르면 악업은 덜어낼 여지가 생긴다. 그러나 선업은 덜어내기가 여간 어려운 게 아니다. 그야말로 마음을 모질게(?) 먹어야만 가능하다.

선행을 해도 악행을 해도 상처가 생긴다니, 대체 어떻게 살아야 할지 막막해할지도 모르겠다. 내 글이 또 다른 상처를 안겨준 것은 혹시 아닌지……. 우리네 인생은 참 상처받기 쉬운 인생이다. 상처받은 인생에게 마음공부가 힘이 되어줄 것이다.

막막해지는 이야기를 했으니 위로의 말로 글을 맺어야겠다. 그래서 다시 달마 대사의 어록을 들먹인다. 달마 대사의 말처럼, 달을 보자. 사신이 귀한 존재로 여겨질 것이다. 나의 멘토가 젊은 시절 달을 보다 얻은 깨달음을 근거로 삼고자 한다.

멘토께서 나에게 자주 해주신 말씀이다.

"초승달은 개체마음으로 살고 있는 '나'이다. 초승달이 커져 이룬 보름달은 전체마음이 드러난 '나'이다. 초승달은 보름달이 되면서 초승달로 살았던 그 '나'는 버려지고 없다. 그렇다면 보름달이 지나고 떠오르는 그믐달은 무엇인가? 그믐달은 초승달과 모양이 같다. 과거의 '나'와 겉모습이 같다. 그러나 그 의미는 완전히 다르다."

그믐달은 보름달을 버리고 온 것이 아니다. 담고 온 것이다. 전체마음이 드러나면서 변화된 '나'의 모습이 그믐달인 것이다. 그믐달의 '나'는 개체마음으로 살았던 초승달의 '나'가 아니다. 즉 그믐달은 본성을 찾은 '나', 다시 말해 '참나'가 와 있는 것이다. 하늘이 와 있는 것이다.

우리는 하늘이며, 하늘처럼 귀한 존재다. 달을 보지 않았기에 이를 모르고 살고 있을 뿐이다. 부디 달을 보고 참나를 찾고 행복을 얻기를 바란다.

김수식

마인드 UP 교육센터 광주 금남점 센터장

경영학을 전공한 이 시대 마지막 남은 선비로 살았다. 하지만 마인드 UP 교육을 통해 갓을 벗고 세상으로 나왔다. 자식이 없기에 주어지는 많은 시간과 내면을 성찰하는 방법을 사람들에게 나누고 싶어 마인드 UP 교육 강사가 되었다. 현재는 마인드 UP 교육 광주 센터장을 맡아 주로 방황하는 중년 남성들의 마음의 평화와 어르신들의 행복한 노년을 위해 마인드 UP 교육을 전파하는 일을 하고 있다.

chapter

6

마인드 UP 교육과 원리

강동완

마인드 UP, 즉 우리가 중심이 된 마음은 상대성이 아닌 절대성이다. 절대성이란 모든 것이 나로부터 시작되어 나에게 돌아온다는 자연의 원리 자체를 말한다. 원인도 결과도 책임도 상대가 아니라 나에게서 찾을 때 진정한 발전이 이뤄지며 인생의 수많은 문제에 올바른 해결책을 갖고 극복해나갈 수 있다.

인간은 누구나 미완성이며 완벽한 인간은 이 세상에 아무도 없다. 따라서 사람은 누구나 자신의 부족한 부분을 채우고자 하는 본능이 강하게 작용하고 있다. 이러한 본능이 지나친 욕심으로 치달으면 자신의 조건과 형편을 넘어서서 무리한 행동을 하거나 허황된 꿈을 향해 인생을 허비하게 된다. 그 결과로 커다란 실수를 범해 돌이키지 못할 타격을 입기도 하고 자책감에 빠져 인생의 보람과 행복을 느끼지 못하게 되는 경우가 생긴다.

작은 그릇이 큰 그릇을 담을 수 없듯이 내가 원하는 바를 이루려면 우선 자신의 역량의 그릇부터 키워야 한다. 따라서 무엇보다 자신의 분수와 능력을 객관적으로 알아 지나친 욕심과 가짐을 내려놓고 바르게 판단하고 분별하는 마음의 질량을 높여 지혜로써 성실하게 인생을 개척해나가야 한다.

내 앞에 오는 모든 일이나 사람은 반드시 어떤 이유가 있어서 온다. 그 일과 인연을 어떻게 대하느냐에 따라 삶의 질량이 좋아져 행복한 인생이 스스로 만들어질 수도 있으며 불행을 쌓고 갈 수도 있다. 마인드 UP은 자신의 의식을 키워 내 앞에 다가오는 문제를 하나하나 바르게 처리해감으로써 자아성장과 함께 아름다운 인생을 설계하고 저절로 스스로 좋은 결과를 얻게 하는 교육이다.

마음의 길

마인드 UP이란?

마인드 UP이란 '마음을 넓히다, 키우다'라는 뜻이다. 축구 경기를 보다 보면 해설자가 실제 그라운드에서 뛰는 선수보다 경기에 대해 더 잘 알고 있는 것처럼 보인다. 선수는 자신이 처해 있는 상황 속에서 경기를 보기에 시야가 좁아지는 반면 해설자는 전체를 다 보면서 경기를 파악하기에 넓은 시야를 갖고 있기 때문이다.

우리가 살아가는 인생의 문제를 풀 때도 마찬가지다. 자기 개체의 차원에서는 답답하고 풀어지지 않던 문제가 상대 입장, 전체 입장이 되어 바라보았을 때 풀어지는 경우가 많다. 마음의 차원이 낮다는 것은 자기중심적이라는 뜻이다. 낮은 차원에서 보면 너는 너고 나는 나다. 그러나 이 우주는 그렇게 되어 있지 않다. 우리는 끝없이 무한대로 연결되어 살고 있다. 실상을 들여다보면 상대에게 하는 것이 곧 나에게 하는 것임을 알게 된다. 상대에게 독한 말을 할 때도 저차원에서는 저 상대에게 하는 것 같지만 사실은 내 마음을 먼저 더럽히고 그 결과 상대에게 나간다는 것을 알아야 한다. 이 세상에 메아리를 가지지 않는 것은 없다. 이러한 원리에 눈을 떴을 때 마음의 차원이 높아진 것이다.

자기중심적인 마음은 항상 상대성으로 움직인다. 상대가 내게 잘해주면 나도 잘해주고, 못해주면 나도 못해준다는 식으로 원인과 결과 및 책임이 항상 분리되어 있다. 일이 잘못되면 힘든 원인과 책임을 다른 사람에게서 찾으려고 한다. 이러한 삶은 그 순간엔 자신에게 유리해보이지만 전체로 보면 아무런 발전이 없다. 자신이 주체가 아니라 상대성에 따라 행복과 불행을 반복하니 문제의 해결점을 찾을 수 없다.

마인드 UP, 즉 우리가 중심이 된 마음은 상대성이 아닌 절대성이다. 절대성이란 모든 것이 나로부터 시작되어 나에게 돌아온다는 자연의 원리 자체를 말한다. 원인도 결과도 책임도 상대가 아니라 나에게서 찾을 때 진정한 발전이 이뤄지며 인생의 수많은 문제에 올바른 해결책을 갖고 극복해나갈 수 있다.

마인드 UP은 관점을 바꾸는 것이다

얼마 전에 직장동료에게서 들은 얘기다. 시골에 계신 어머님 집이 새벽에 불이 나 완전히 타버렸다고 했다. 동료의 어머님은 구사일생으로 목숨을 건지셨는데 같은 동네 살고 계신 분이 마침 불이 난 것을 보고 구해주셨다고 한다.

그런데 놀라운 일은 그 어머님을 구해주신 분이 평소에 어머님께서 제일 미워하셨던 분이었단다. 일손이 부족한 농촌에서 젊은 시절부터 틈만 나면 남편을 술 먹자고 불러내고, 또 외상값이 쌓여 어머님이 갚아주기 일쑤였단다. 그날도 새벽까지 술을 마시고 집으로 돌아가다가 불난 것을 보고 어머님을 구했다는 것이다. 아이러니하게도 가장 미워했던 사람이 목숨을 구해준 은인이 되었다.

나는 이 이야기를 들으면서 두 가지를 알 수 있었다. 하나는 미운 행동을 하면 미운 사람으로 보이지만 고마운 행동을 하면 고마운 사람이 된다는 것과 본래부터 미운 사람, 좋은 사람은 없다는 것이다. 어떤 경험을 통해 어떤 관점으로 보느냐에 따라 사람의 가치는 물론 현실은 한없이 달라진다. 그러니 세상이 이렇다 저렇다 하는 것은 다 자기가 보는 관점일 뿐이다. 사실은 "내 관점이 이렇다 저렇다"라고 표현해야 적합한 표현이다.

평소 우리는 몸이 나라고 여기는 좁은 관점을 가지고 있다. 그래서 지하철에서 누군가 발을 조금이라도 밟으면 나를 공격한 것처럼 여겨 상대와 시비를 벌인다. 또는 누군가로부터 당신은 코가 낮다거나, 키가 작다는 말을 들었을 때, 나를 무시하고 모욕한 것처럼 느껴서 자존심이 상하고 화가 난다.

그러나 관점을 달리해서 관찰해보면 만약 사고로 팔이 하나 잘려나간다 해서 나라는 존재가 없어지는 건 아니다. 나라는 존재의 의식은 이 몸에 결코 한정되지 않는다.

관점을 바꾸어서 나를 바라보자. 전체의 관점에서 보면 우주 본래의 대생명이 나의 가장 본연의 모습이요 '본래 나'다. 이렇게 큰 관점에서 '나'를 바라보면 세상의 어떤 일도 '다만 그럴 뿐'으로 보이며 작은 것들은 다 품을 수 있다. 어떠한 일에도 자신의 주관과 본성을 잃지 않으므로 흔들리지 않는 평안을 누릴 수 있다.

본연의 나를 알았다고 해서 그게 무슨 도움이 되냐고 하시는 분들도 있다. 그것은 머리로 이해했지, 가슴으로 진정 깨달은 경험이 없기에 감동을 느끼지 못하는 것이다. 나는 연약하고 보잘 것 없는 나가 아니라 우주 대생명이 모습으로 나타난 것이므로 그 무엇과도 바꿀 수 없는 위대하고 소중한 존엄을 갖고 있다. 돈, 명예, 사랑을 얻지 못했다고 해도 그 가치는 줄어들지 않는다.

본연의 나를 가슴으로 깨닫게 되면 자신을 진정 사랑하게 된다. 나를 아끼고 소중하게 여기며 내 앞에 오는 인연도 나처럼 아끼고 소중하게 대하게 된다.

행복하려면 마음부터 바꾸자

행복하다, 불행하다는 것은 몸이 느끼는 것이 아니라 의식이다. 만약 상상력을 발휘해서 지금 앉아 있는 내 몸에 홍길동의 의식이 들어왔다면 나는 홍길동이라 생각하고 홍길동의 삶을 살아갈 것이다. 그렇게 보면 몸이 자기가 아니라 의식이 진짜 자기라고 할 수 있다.

내가 행복한 삶을 살려면 의식부터 변화시켜야 한다. 하지만 대부분의 사람은 이를 중요하게 생각하지 않는데 그 이유는 의식은 보이지 않기 때문이다. 반면에 몸과 사지가 멀쩡하면 나는 아무 문제 없다고 생각한다.

성찰연습

생명의 근원과 하나 되기 명상

홍길동이라고 여기는 내가 이 세상에 오기 전 거슬러 거슬러 무한히 거슬러갔다고 생각해봅니다. 그러면 이 몸도 없고 이름도 없고 가족도 없으며 지구도 우주의 모든 별도 달도 해도 없습니다. 그 자리는 무엇만 남았는지 명상해보십시오.

그 자리는 순수한 허공입니다.
허공은 텅텅 비어 아무것도 없는 것처럼 느껴지나
생명의 근원적 기운과 의식이
가득 차 있습니다.
시작도 끝도 없이 원래부터 있는
우주의 생명의 기운인 허공이 '본래의 나'입니다.
그 자리는 너, 나가 둘로 구분되지 않는 하나의 자리입니다
우주 전체가 하나로 느껴지는 생명의 기운 자체입니다.

욕심, 가짐, 집착, 분별 등 인간의 어떠한 마음도
일체 끊어져 있습니다

이 근원적 생명의 기운 자체가 별이 되어 나오고
달이 되어 나오고
지구 되어 나오고
사람 되어 나오고
만상만물 되어 나오고
빛이 되어 나옴을 명상해봅니다.

삼라만상 일체가 우주의 본래 생명 자체가 모습을 띄고 나와 있습니다.
나는 옛날의 나가 아니라 대자연의 기운이 이렇게 나와 살고 있습니다.
그 마음으로 바라보면 일체가 모습만 다를 뿐 나 아닌 것이 없습니다.
그 큰 마음이 되어 진정으로 나를 사랑할 수 있고
일체를 수용할 수 있는지 명상해보십시오.
세상을 티 없이 아끼고 사랑할 수 있는지 명상해보십시오.

마인드 UP 교육을 시작하면 그동안 모르고 살았던 자신의 의식이 보인다. 평소 내가 공부를 하거나 운동이나 일을 할 때 사람을 만날 때 어떤 마음을 주로 느끼고 있는가?

'행복하다, 감사하다, 좋다' 이런 느낌을 느낀다면 자신과 타인 세상을 바라보는 관점이 밝고 환하며 긍정적이다. 자신이 목표로 하는 일을 성취하여 성공을 이루고자 하는 자신감도 충만하다.

그러나 미움, 원망, 시기 질투 이런 감정을 많이 느끼는 사람은 나와 세상이 비관적이고 어둡게 느낀다. 설령 목표를 이루었다 하더라도 금방 다시 불만족과 열등감을 경험하게 된다. 그러면서 자신의 의식에 왜곡된 부분을 바로 잡으려는 것이 아니라 '돈을 더 벌어야 돼, 자격증을 더 따야 해' 이렇게 생각한다.

하지만 아무리 돈, 명예, 사랑을 가져도 자기 마음의 왜곡된 부분이 해결이 안 되면 불행감을 느껴 결국 허무하다거나 삶의 보람이 없다는 등 비관적인 생각을 할 수밖에 없다. 행복하기 위해서는 외부의 조건이 아니라 먼저 자신의 마음을 바로잡아야 한다.

마음 작용의 원리

사람의 뇌는 자라면서 얻게 된 지식과 정보, 곧 보고 듣고 배우고 체험한 수많은 내용이 저장된다. 이렇게 저장된 지식과 정보, 곧 기억된 내용들을 다시 떠올리는 것이 생각이다.

이러한 기억된 생각, 정보, 관념을 바탕으로 수많은 생각을 해나가며 이때 여러 가지 감정이나 느낌이 생겨나는데 이런 모든 작용을 통틀어 마음의 작용이라 한다. 그런데 기억된 생각이나 관념을 어떻게 입력해 놓았는가에 따라 마음의 작용이 달라진다.

가령 A와 B 두 사람이 친구인데 어느 날 A가 B를 보고도 반갑다는 인사 없이 그냥 스쳐 지나갔다고 하자. 이때 어떤 사람은 '저 친구가 나를 보고도 반갑다는 표정도 안 지으니 나를 안 좋아하는가 보다'라고 생각하여 섭섭하고 슬픔을 느낄 수 있고 어떤 사람은 '내가 인사했는데도 나를 본 체 만 체 지나가네. 나를 무시하는 거야?'라고 생각해서 기분이 나쁘고 화가 날 수도 있다.

또 다른 사람은 예전에 그 친구가 안 좋은 일이 있으면 시무룩하게 아무런 반응하지 않는 것을 보고 '뭔가 안 좋은 일이 있는가 보다'라고 생각해서 별일 아니게 지나갈 수도 있다.

이처럼 마음의 작용으로 사람마다 무엇을 어떻게 입력했는지에 따라 똑같은 경험을 해도 생각과 느낌이 달라진다.

즉 똑같은 일도 내가 어떻게 받아들이냐에 따라 긍정적인 생각과 느낌으로 입력될 수도 있고 부정적인 생각과 느낌으로 입력될 수도 있다. 그래서 같은 것을 놓고도 어떤 각도로 받아들이느냐에 따라 어떤 사람은 상처를 받기도 하고 어떤 사람은 안 받기도 한다. 마음의 에너지는 고정된 에너지가 아니다. 자신이 운용하기에 따라 항상 달라진다.

마음의 작용을 좋게 하기 위해서는 어떻게 해야 할지 알아보자.

첫째는 상대방의 입장이 되어주며 긍정적으로 생각한다.

상대로 인해 상처를 받거나 아픔을 느끼게 되면 미움이 생겨나게 되고 그 사람의 얼굴을 떠올리게 되면 미움이라는 감정이 함께 떠오른다. 그런 감정이 강하게 박혀 있으면 생각을 하지 않으려 해도 계속 그

장면이 떠올라 속이 상하고 괴롭다.

이때는 상대방의 입장이 되어 이해해보고 느낌을 바꿔야 한다. 미움이나 용서할 수 없다는 느낌을 바꿔서 '그 사람 입장에서는 저런 생각이나 감정이 일어날 수 있겠구나', '그럴 만한 이유가 있겠지. 원래 의도는 그렇지 않겠지만 오죽 힘들었으면 그렇게 했을까' 하고 생각해보고, 상대의 의도가 무엇인지 헤아리며 상대 마음이 내 마음이 되어 느껴보아야 한다.

그렇게 상대를 이해함으로써 나의 인격이 한 차원을 넘어 성숙해진다. 자신이 헤아리지 못한 부분을 깨우치게 되고, 하나의 벽을 넘어서서 성숙해나가는 계기가 되면 미운 감정이 아니라 감사로 받아들이게 된다. 그래서 상대의 얼굴이 떠오르거나 직접 그 사람을 대할 때에도 미움이 떠오르지 않는다.

둘째는 어떤 일에서도 배울 수 있는 점을 찾아내서 긍정의 생각과 느낌으로 담아야 한다.

예를 들어 나보다 잘하는 사람을 보면 시기하고 질투할 것이 아니라 '나도 저런 점을 닮아야 되겠다' 하면 배울 수 있어 감사하고, 다른 사람의 잘못을 보면 '나는 저렇게 하지 않아야겠구나' 하면서 배울 수 있음에 감사할 수 있다. 어떤 일이든 원인과 결과가 있다. 지나간 일은 모두 시행착오의 과정일 뿐이다. 거기서 무엇을 배울 수 있는지를 생각해서 자신의 성장을 위한 밑거름을 삼아 긍정적인 생각과 느낌으로 담아내야 한다.

셋째는 본성의 입장에서 상생의 마인드를 가진다.

어떤 사람이 남들이 보기에는 못난 얼굴이라 해도 그 부모님이 보기에는 누구보다 예쁘고 사랑스런 얼굴로 보인다. 부모님이 자녀를 바라볼 때는 겉의 눈으로 보는 것이 아니라 마음의 눈으로 보기 때문이다. 이와 같이 상대가 나라고, 내 가장 사랑하는 가족이라고 생각한다면 상극이 아닌 상생의 이치로 반응을 한다.

반면 나와 남을 분리해서 볼 때 상극이 일어나고 내 일이 잘 풀리지 않는다. 어떤 일이 잘못되었을 때 우리는 흔히 남에서 나를 분리해놓고 '이건 당신 때문이야' 이렇게 보기 때문에 원수를 만들게 된다. 상대의 불행이나 잘못에는 내가 함께하고 있다고 생각해야 한다.

'당신 잘못도 있지만 내 잘못도 있어. 내가 미처 살피지 못한 점도 있어.'

이렇게 마인드 UP, 즉 우리가 중심이 된 마음은 상대성이 아닌 절대성이다. 절대성이란 모든 것이 나에게서 시작되어 나에게 돌아온다는 자연의 원리 자체를 말한다. 원인도 결과도 책임도 상대가 아니라 나에게서 찾을 때 진정한 발전이 이뤄지며 인생의 수많은 문제에 올바른 해결책을 갖고 극복해나갈 수 있다.

마음이 현실을 만든다

놀이동산에서 놀이기구를 타고 있는 사람이 있다. 그 사람은 마치 자기가 비행기를 조종하고 있는 것처럼 흉내 내고 있지만 실제로는 그 사람이 조종하는 것이 아니다. 비행기는 미리 입력해놓은 프로그램대로 움직인다. 운명이 있다면 비행기에 이미 입력되어 있는 프로그램이 바로 운명이다. 마찬가지로 사람은 자신의 의식, 무의식 속에 삶의 경험 정보가 다 기록되어 있다. 내 것뿐만이 아니라 부모, 조상의 것까지 다 기록되어 있다.

마음속에 어떤 기억된 관념을 갖고 있느냐에 따라 인생과 운명이 달라진다. 똑같이 이별을 당해도 한 사람은 '아, 그 사람은 나랑 인연이 아닌가 보다' 하며 그 일을 스쳐 지나가 평소처럼 자신의 삶을 열심히 살아가는데, 다른 한 사람은 '내가 못났나 봐' 하며 자책과 우울감 속으로 들어간다.

힘들고 어려운 현실을 만드는 원인은 외부에 있는 것이 아니라 자기 안에 있다. 태어날 때부터 불행한 사람으로 태어나는 법은 없다. 자신의 마음이 그 원인이다. 마음이 만족하지 않았기 때문에 자꾸 부족하게 느껴지고 불행하다고 느껴진다.

헬렌 켈러는 "이 세상은 절망과 고통으로 가득하지만 그 절망과 고통을 이겨낸 사람들로도 가득하다"라고 했다. 내가 도저히 받아들일 수 없다고 여겨지더라도, 생각을 바꿔서 그것을 긍정적으로 받아들이면 더 나은 삶을 살 수 있다.

삶에서 일어나는 일들을 '괜찮아, 그럴 수 있겠구나' 하고 이해하고 수용해나가면 갖가지 감정의 동요에서 벗어나 마음이 편안해진다. 우리 존재의 가장 본연의 모습으로 돌아가게 된다.

이렇게 끝없이 동요하고 흔들리는 개체마음을 쉬고 존재 본연의 티

없이 맑고 고요한 마음 상태로 돌아가 보면 내 안에서 평화와 행복의 에너지가 자연스럽게 흐른다.

이것이 습관화되면 자신의 기운이 좋아지게 되니 주위에 있는 사람들과 좋은 기운을 주고받게 된다. 그리고 서로 상생의 작용이 일어나 걸림과 막힘이 없이 순조롭게 일을 풀어나갈 수 있다.

마인드 UP은 "나"라는 존재가 변하는 것이다

평소 우리는 개체마음인 에고가 시키는 대로 살고 있다. 개체마음인 에고는 항상 변한다. 기분이 슬펐다가 좋았다가, 일을 하고 싶었다가 하기 싫었다가, 자존심이 상했다가 안 상했다가, 개체마음인 에고가 시키는 대로 사는 삶은 불행해질 수밖에 없다. 에고는 자기중심적이기 때문에 어떤 일이든 에고가 개입되면 객관성을 잃어 다른 사람이 어떻게 느끼는지 이해하지 못한다.

고장난 전구를 새것으로 갈아 끼우면 어두웠던 방이 다시 밝아지듯이 의식이 바뀌면 우리의 삶은 바뀐다. 과거의 기억된 생각(상념, 관념)을 '나'라고 여기는 에고의 의식에서 우주 본래 생명의 근원인 본성, 전체마음, 참나의 의식으로 변화하는 것이 마인드 UP이다.

마인드 UP은 버리는 것이다. '과거의 기억된 생각과 감정은 실제가 아니라 어느 순간, 어느 조건에서 만들어진 마음이겠구나' 하고 일어나는 생각과 감정을 내려놓으면 우주 전체가 텅 비어 고요한 가운데 깨어서 주시하고 있는 참나를 찾게 된다.

‘괜찮아, 그럴 수 있어’ 하고 마음속에 일어나는 에고의 생각, 감정을 내려놓으면 그 자리가 바로 참나의 자리다. 참나가 깨어있는 삶을 살게 되면 더 이상 불필요한 생각과 감정에 이끌려 다니지 않게 된다. 생각과 감정을 더욱더 창의적으로 사용하게 되어 자신의 잠재력을 발휘하게 된다.

마인드 UP은 긍정 질량을 높인다

마인드 UP은 긍정 마인드를 키워가는 것이다. 긍정 마인드가 커져야 모든 일을 지혜롭게 분별하고 판단할 수 있다. 큰 그릇이 작은 그릇을 담듯 마음이 커진 만큼 매사를 긍정적으로 보고 포용할 수 있다.

예를 들어 직장에서 같이 일하는 동료가 나의 부족한 점에 대해 좋은 마음으로 이야기해주었는데 내가 그것을 자존심 상하게 받아들이면, 내 감정, 내 지식, 내 기준과 잣대를 가지고 받아들여 오해를 낳고 괴로워하게 된다. 따라서 마음 그릇을 키워 내 분별력을 높여나가야 하며 이는 무엇이든 긍정 마인드로 풀어나가는 힘을 키워야 가능하다.

긍정 질량을 높이기 위한 방법으로 다음의 두 가지를 소개한다.

첫째, 객관적으로 보고 바른 선택을 한다.

갈등이나 상처나 아픔이 있는 경우, 현재 감정에 치우치지 말고 냉철하게 그 감정에서 빠져나와서 내 모습과 상대 모습을 바라봐야 좋은 분별과 판단을 내릴 수 있다. 우리는 더불어 살기 때문에 이런 저런 인연 관계를 반드시 맺어간다. 나와 맞는 인연도 있고 안 맞는 인연도 있다. 거기서 행복과 불행을 얘기하지만 이 모든 감정은 냉철하게 내가 받아들이기 나름이다.

내가 어떤 기준과 잣대로 받아들이냐에 따라 상대가 고통을 주어도 고통이 아닐 수도 있고, 상대가 고통을 안 주었는데도 내가 고통으로 느낄 수도 있다. 내 마음이 밝고 긍정적이면 상대의 허물이나 단점도 모두 품어 안을 수 있다.

'이 모두는 나를 성장시키는 과정이며 나를 키우는 과정이니까 이걸 긍정적으로 받아들이자. 내가 조금 더 성장해서 저 사람을 관찰해 보고 품어보자. 어떻게 하면 바르게 처리하는 것인지 풀어나가보자' 이렇게 크게 보고 크게 이해하고 크게 품어 안을 수 있는 질량으로 성장해야 한다. 그러면 작은 감정들은 다 품어 안을 수 있고 다 이해하게 돼서, 설령 아픔이 생겨도 마음 아프게 느껴지지 않게 된다.

두 번째는 현 위치에서 내가 해야 할 의무와 도리를 바르게 행한다.

내가 자식이라면 자식 입장에서, 부모라면 부모 입장에서 해야 할 도리를 최선을 다해야 한다. 과거를 자꾸 곱씹으며 후회하고 상대와 나를 비교하며 열등감을 느낄 필요가 없다. 누가 보아도 떳떳하게 누가 보아도 부끄럽지 않게 살아가는 마음을 가지도록 행동하면 과거가 어떠할지라도 현재 좋은 인과를 쌓게 되니 미래가 밝아진다.

긍정적인 마음으로 풀어나가면서도 반성하고 참회하는 마음이 필요하다. 참회한다는 것은 예를 들면 어린 자녀가 아프면 부모는 자녀

대신 내가 아팠으면 하는 마음을 갖는다. 그리고 내가 무엇을 잘못해서 이 아이가 아픈 것일까 하며 자신을 반성한다.

이와 같이 참회를 하는 것은 '나에게 인과적으로 온 것을 부정적으로 보지 않고 내가 겸허히 받아들이고 풀어내겠다, 힘들더라도 내가 받고 풀어서 이 아픔의 기운이 가족과 주변 사람한테는 영향을 미치지 않도록 해야겠다' 이런 마음을 갖는 것이다.

생각과 감정의 주인이 된다

마음속에 일어난 생각과 감정이 시키는 대로 내뱉는 사람은 마음의 노예가 된 사람이다. 생각과 감정이 일어나는 대로 그냥 표현해버리면 나도 다치고 남도 다친다. 그러나 마음속에 일어나는 생각과 감정을 자각하고 읽어주면 그런 일을 예방할 수 있다. 생각과 감정의 주인이 되는 방법을 알아보자.

첫째, 마음을 있는 그대로 관찰한다.

화가 일어날 때 반응하는 사람의 유형을 살펴보자. 화를 참는 유형은 참고 참다가 나중에 크게 폭발하여 후회하고 도리어 상대방과의 관계도 어색해진다. 화를 내는 유형은 그 순간은 좋을 수 있으나 어리석은 말과 행동으로 나중에 후회할 일을 만들게 되고, 화를 참고 쌓아두는 것은 속으로 곪아 모든 병의 원인이 된다. 화를 내든 참든 그것은 올바른 해결책은 아니다.

제3의 방법은 화를 관찰하는 방법이다. 화의 감정이 일어나면 '아, 화가 났구나.' 하고 자신의 마음을 읽어주고 알아차리면서 그 감정이 변하여 사라지는 것을 바라본다. 화가 난 상태를 알아차리고 그것을 지켜보는 힘이 강할수록 화의 감정이 수그러진다.

둘째, 반성적 통찰이다.

화가 일어날 때 이 "화"라는 감정은 사실 상대 때문에 생긴 것이 아니라 나의 선입견, 고정관념에서 비롯된 것임을 통찰하여 알아차리는 것이다. 생각은 내 마음속에 이전에 저장해둔 지식, 알음알이, 고정관념에 따라 일어난다. 이렇게 자기중심적으로 사고하고 판단하다 보면 걸림과 막힘이 자꾸 생겨 내 앞에 놓인 일을 해결해 나갈 지혜가 생겨나지 않는다.

아이들은 싸워도 금방 까르르 웃고 아무 일도 없었던 것처럼 친해진다. 하지만 어른이 되어갈수록 '네가 나한테 이랬지' 하는 앙금을 가지고서 상대를 바라본다. 이렇게 원수를 많이 만들어 놓으면 내 삶이 결코 편해질 수 없다.

내가 자꾸 화가 나고 괴로운 것은 상대에게 원인이 있는 게 아니라 사실 내 생각에 사로잡혀 그 고정관념에서 못 벗어나기 때문이다. 이러한 마음의 원리를 통찰하여 나의 고집, 선입견, 감정의 앙금과 고정관념을 놓아버렸을 때 마음의 시야가 넓어지고 지혜가 생겨 문제를 바르게 해결해 나갈 수 있는 길이 열린다.

반성의 길

반성은 생활의 활력소

살아가면서 자신을 반성한다는 것은 무척 중요한 일이지만 반성이라고 하면 누구나 할 것 없이 불쾌하게 느낀다. 이런 반감을 가지는 이유는 '나도 어엿한 어른인데'라는 자존심과 더불어 반성의 의미를 "하고 싶은 무언가를 하지 말고 참고 절제하라"라고 단순하게 받아들이기 때문이다.

그러나 반성은 인격적으로 성숙하고 완성으로 가기 위해서 반드시 필요한 방법이다. 또 생활 속에서 올바르게 보고 판단하기 위해서도 중요하다. 우리는 남을 눈으로 보고 마음으로 판단을 한다. 그런데 조금만 통찰해보면 남의 모습을 보면서 자기 자신 또한 보고 있다는 것을 알게 된다. 반성은 밖을 향해 보던 눈을 안으로 돌려서 자신을 보는 것이다.

예를 들어 어제 가족 간에 외출하고 돌아오는 길에 운전하는 나를 보고 아내가 "운전 좀 똑바로 해요"라고 했을 때 기분이 상했다고 하자. 그 결과 아내 말에 별로 대꾸도 하지 않고 무거운 분위기로 집에 돌아왔다.

왜 내가 기분이 나빠졌는지 원인을 생각해보면 아내가 나에게 명령조로 이야기를 했다든지, 내가 운전하는 것을 못 믿고 무시하는 투로 이야기를 해서 기분이 나빴다든지 했을 것이다. 그래서 기분이 나빠 그 이후 아내가 하는 말에 별로 응대를 하지 않았다고 분석할 수 있다. 이렇게 어제의 필름을 돌려보면서 그 일의 원인과 결과의 흐름을 파악해 가는 것이 중요하다.

그런데 반성을 더 고도화해서 하면 자기 입장에서 원인을 파악하는 것과 상대 입장에서 파악해보는 것이 있다. 내 입장에서 본다면 상대가 내 운전 실력을 못 믿고 명령조로 이야기해서 기분이 나빠졌다고 할 수 있지만, 상대 입장에서 본다면 나를 무시하려는 의도가 아니고 운전 중에 위급함을 느껴서 가족의 안전이 중요하니까 급하게 말이 불쑥 튀어나왔다고 보는 것도 가능하다.

이렇게 상대 입장을 헤아려본다면 내가 무시당했다는 느낌은 내가 만든 느낌이며 사실 아내는 가족의 안전을 걱정했다고 보인다. 이렇게 이해를 하고 나면 기분 나빠할 필요가 전혀 없어진다. 왜 그렇게 느끼고 생각하는지를 통찰하고 이해할 수 있으면 대부분의 고민이나 번민은 사라진다. 그래서 올바르게 보고 판단하기 위해서 반성은 대단히 중요하다.

괴롭고 힘든 일이 생겼을 때 먼저 반성하는 마음을 가져야 한다. 그러면 답이 보인다. 환경을 탓하거나 상대를 원망만 하면 절대 답이 보이지 않는다.

눈을 감고 그동안 살아왔던 삶의 모습을 마음 스크린에 비춰본다.

하나하나 회고하면서 '아, 내가 이러한 부분을 내 기준 잣대로 판단하고 평가했구나. 상대를 위한다고 하면서도 내 식대로 따라주기를 고집부렸구나, 이런 부분에는 상대 입장을 헤아리지 못하고 내 주장만 옳다고 여겼구나' 등등 자신을 객관적으로 보고 반성하며 절실하게 잘못한 것은 다시는 그러지 말아야겠다고 각인을 시켜야 한다. 가볍게 후회하는 정도로 끝나면 다시 되풀이되게 마련이다.

마인드 UP 교육이 어느 정도 진행이 되면 자신에게 질문을 다르게 해보라고 한다. '일이 이렇게 되기까지 내가 어떻게 만들었지?' 이렇게 관점을 바꾸어 바라보면 답도 다르게 나온다. 원인과 책임을 마냥 상대에게서만 찾는 상대성의 원리로는 자꾸 걸림과 막힘이 생겨 삶의 질량이 낮아진다.

반면 원인과 책임을 상대가 아닌 나에게서 찾았을 때 성장과 발전이 일어나 삶의 질량이 좋아진다. 또한 삶의 의미도 알게 되고 삶의 보람도 찾게 된다. 삶에 보람이 생기니 즐거워지게 되고, 또 남탓을 안 하게 되니까 마음이 한결 가벼워진다. 주위 사람에게 좋은 기운을 주게 되니 상대의 기운도 좋아져 상생하게 되는 것이다.

이런 모든 면에서 마인드 UP을 하다보면 어느 순간 스스로 자신이 이전과 비해 성장했고 삶의 질량이 달라졌음을 알게 된다.

이런 문제점을 자각하다 보면 상대를 탓하고 원망하는 마음이 없어진다. 그리고 상대를 이해하게 되고, 사람을 대하는 능력도 좋아지고 잘 풀어가게 된다. 원인과 책임을 마냥 상대에게서만 찾을 때는 자꾸 걸림과 막힘이 생겨 삶의 질량이 낮아지지만 원인과 책임을 상대가 아닌 나에게서 찾았을 때 성장과 발전이 일어나 삶의 질량이 좋아진다.

죽음을 통해 삶을 보다

우리는 누구나 태어나서 제 수명을 다하면 죽음을 맞이한다. 죽음이란 끝이 아니라 자연 순환 법칙의 과정이다. 마치 물방울이 흘러흘러 냇물이 되고 강물이 되어 바다로 들어가면 본래의 바다로 귀의한 것처럼. 이러한 이치를 알게 되면 죽음은 두려워할 대상이 아니라 경건하게 맞이해야 할 삶의 한 부분이 된다.

하지만 대부분의 사람들은 오늘의 삶을 사느라 바쁜 나머지 죽음에 대해 신경 쓰지 않고 있다가 갑작스럽게 죽음이 다가오면 무섭고 당황스러워 두려움에 떤다.

죽음이 현실로 닥쳤을 때 미처 준비가 되어 있지 않은 사람은 무섭고 두려운 것이 당연하다. 하지만 죽음은 끝이 아니라 본래와 하나 되는 자연의 순환 과정임을 이해한다면 평온한 마음으로 죽음을 맞이할 수 있다.

죽음의 문제를 해결하지 못한 사람은 삶에서 진정한 자유와 마음의 평화를 누릴 수 없다. 따라서 죽음의 문제를 회피하려고 하지 말고 죽음을 삶의 일부로 받아들이고 진지하게 성찰하는 자세가 필요하다.

우리가 잠을 자는 순간 이 몸과 세상과 작별이라고 생각해보자. 이 순간이 마지막이다. 내일 깨어나고 안 깨어나고는 하늘의 뜻이다. 이렇게 생각해보면 오늘 하루가 얼마나 소중한지 깨닫게 되고, 이 세상 것에 더 이상 집착하고 욕심부리지 않게 될 것이다.

발전의 길

내가 만든 틀에서 벗어나다

사람마다 자기 마음이 만든 현실이 있다. 이를 그 사람의 틀, 고정관념이라 한다. 사람과 사람 사이에 갈등이 일어나는 것은 제각기 마음이 다르기 때문이다. 60억 인구가 있다면 마음도 60억 가지다. 내 마음의 틀, 고정관념으로 상대를 바라보니 나와 같지 않아서 마음이 답답하고 괴로움이 일어난다.

고정관념은 사람이 태어나고 자라면서 받은 정보, 행동, 습관에 의해 생기는 관념이다. 고정관념의 힘은 원자폭탄보다 강하다고 한다. 우리는 사람이나 사물을 대할 때 있는 그대로 보기가 어렵다. 자기가 생각하는 대로 느낀다.

전문직에서 일하는 A씨는 인간관계에서 늘 어려움을 느꼈다. 그러다 보니 다른 사람들과 어울리는 것을 피하고 대부분의 시간을 혼자서 지냈다. 특히 남편과의 사이가 좋지 않아 괴로움을 겪다가 급기야 이혼까지 생각하게 되었다. A씨는 연애시절과는 달리 결혼 후 남편이 집에 자주 들어오지 않고 가정에 관심을 갖지 않아 점차 남편이 무책임하고 이기적인 사람이라고 믿게 되었다.

그런데 마인드 UP 교육 중에 자신의 삶을 곰곰이 돌아본 결과 자신의 태도가 엄격하고 애교라고는 찾아볼 수 없다는 것을 발견하고는 자신의 냉랭하고 엄격하고 까다로운 태도 때문에 남편이 점점 자신을 멀리하게 되었다는 것을 알게 되었다. 그리고 지금까지 항상 사람들을 자신의 틀 속에서 이해하고 인간관계를 맺으려 했기에 실패했다는 것을 깨닫게 되었다.

마인드 UP 교육을 마무리하면서 A씨는 '남편은 이런 사람이야'라는 관념은 자신이 만들어 놓은 생각일 뿐 실제 그 사람 자체는 아니라는 것을 알게 되었다며, 이제 자신의 틀에서 벗어나 남편과 소통할 수 있을 것 같다며 밝은 미소를 지었다.

내가 겪은 현실이 바로 나의 틀, 고정관념에서 나오는 것임을 한 번 알았다고 해서 그 관념이 쉽게 바뀌지 않는다. 그래서 마음을 변화시키는 훈련이 필요하다. 과거의 부정적인 경험 정보를 다 청산하게 되면 관념이 바뀌게 되고 마음이 긍정적인 쪽으로 작동하게 된다.

인도의 시성 타고르는 원래 집안에 하인이 없으면 아무 일을 하지 못했다. 어느 날, 매일 일찍 오는 하인이 그날따라 지각을 했다. 한 시간이 지나도 하인이 나타나지 않자 타고르는 매우 화가 났다. 하인에게 무슨 벌을 줘야 할까 생각하다가 그를 해고해야겠다고 마음먹었다.

한낮이 되어 나타난 하인은 평소와 같이 타고르의 옷을 가져다주고, 밥을 준비하고, 방을 청소했다. 그런 하인의 모습을 보고 있던 타고르는 화가 머리끝까지 올라 버럭 소리를 질렀다.

"당장 그만두고 나가!"

하지만 그 하인은 여전히 비질을 계속했다. 더 화가 난 타고르는 하인의 뺨을 내리치며 당장 나가라고 소리를 질렀다.

하인은 바닥에 팽개쳐진 빗자루를 다시 들고 이렇게 말했다.

"제 어린 딸이 어제 저녁에 죽었습니다."

그때 타고르는 상대에 대한 이해가 없을 때 사람은 몹시 잔인해질 수도 있다는 것을 깨달았다. 이 충격적인 일이 있은 후 타고르는 어떠한 경우라도 상대방의 사정을 알아보지 않고는 남을 탓하거나 독단적인 판단을 내리지 않았다고 한다.

테레사 수녀 역시 "판단하면 사랑할 수 없다"라는 말을 했다.

또 하나의 예를 보자. 한 부부가 주말에 모처럼 드라이브를 나갔다. 오랜만의 데이트라 아내는 기분이 좋았다. 차창을 통해 스쳐가는 풍경을 보면서 남편에게 말했다.

"여보, 피곤하지? 우리 커피 한 잔 하고 가자."

"괜찮아."

하면서 남편은 카페를 지나쳐 한참을 달려 휴게소에 왔을 때야 아내에게 물었다.

"우리 커피 한 잔 할까?"

그런데 아내의 반응이 시큰둥했다.

아까는 커피를 마시자고 했는데 지금은 왜 그런 걸까? 아내가 커피를 마시자고 한 것은 그냥 커피가 아니라 남편을 배려한 것이었으며 오붓한 시간을 함께하고 싶었던 것이다. 그런데 남편이 괜찮다고 하며 그냥 지나쳐가자 아내는 자신의 다정한 호의가 무시당하는 것처럼 느껴졌고 속마음을 몰라주는 남편이 야속했다.

그러나 남편의 입장에서 보면, 그 당시에 그는 별로 피곤하지 않았고, 별생각 없이 운전했을 뿐이다. 그런데 한참 가다가 휴게소가 보이자 아내가 커피 한 잔 하자고 했던 말이 생각났던 것일 수 있다. 각자 입장에서 보면 서로가 다 맞는 얘기지만 상대의 본심을 알아주지 못한 소통 부재였다.

사람이 살아가는 데 있어 제일 중요한 것 중의 하나가 소통이다. 아무리 환경이 좋고 내가 원하는 이상형을 만나도 서로 소통이 되지 않는다면 그 만남은 매 순간이 살얼음판을 걷는 것과 같다. 부부간에도 가족 간에도 직장이나 사회에서도 가장 필요한 것이 소통이다. 소통은 말과 말을 주고받는 것이 아니라 마음과 마음을 주고받는 것이다.

마음의 상처가 많은 사람의 특징은 자신의 실수를 인정하지 않는다. 그리고 다른 사람에게 배우기를 싫어하고 문제가 생겨도 해결하려고 하지 않는다.

왜냐하면 자신의 울타리 안에서만 살기에 타인을 받아들이지 않기 때문이다. 주위에 이와 같은 사람이 있다면 그 사람은 이상하고 괴팍한 사람이 아니라 상처가 많은 사람일 가능성이 많다. 어린 시절 부모님으로부터 사랑과 관심을 넉넉하게 받지 못하고 자라난 사람일 수 있다. 그렇게 생각해 본다면 그 사람을 바라보는 눈빛이 달라질 것이다.

역지사지로 상대의 본심과 의도를 헤아려서 긍정적으로 받아들이게 되면 상대의 잘못이나 단점이 부정적으로 보이지 않고 그것을 끌어안게 된다. 그만큼 내 마음이 커지고 밝아졌다고 할 수 있다. 내 마음이 커졌기에 상대의 허물도 다 흡수하며 녹여낼 수 있다.

세상에서 가장 위대한 마음은 수용이다.

이재무 시인은 〈밥알〉이라는 시에서 '갓 지었을 적엔 서로에게 끈적이는 사랑이다가 찬밥 되어 물에 말으니 서로 흩어져서 끈기도 잃고 제 몸만 불린다'라고 표현했는데 이는 우리의 관계도 마찬가지다.

결혼, 직장, 친구 등 처음에는 서로 친밀했던 사이가 서로 멀어지고 등지게 되었을 때 배신감으로 인해 깊은 상처와 한으로 자리 잡게 되는 경우가 많다. 그 상처를 마음에 담아두고 곱씹으면서 정작 힘들어 하는 것은 자기 자신이다. 사랑이 식으면 미움으로 바뀐다는 것을 받아들이고 '그러려니' 했다면 적어도 그렇게 괴롭지는 않았을 것이다.

몇 년 전에 상담을 온 여성분은 봄만 되면 우울해진다고 했다. 그분의 이야기를 들어보니 봄에 아버지가 돌아가셨는데 임종을 지키지 못했었고, 또 생명이 만발한 봄에 폐경기를 맞는 자신이 여성으로서의 삶에 막이 내려졌다는 생각이 들어 우울하다고 했다.

자연으로 눈을 돌려보면 푸르른 잎도 가을이 되면 낙엽이 된다. 아무런 동요도 없이 낙엽이 되는 숙명을 받아들여 떨어지는 모습이 마치 모든 일에 '그러려니' 하며 자연의 법칙에 순종하는 자세로 보여 경건해지기까지 한다. '그러려니'의 자세에는 모든 것을 수용하는 마음의 원리가 들어 있다.

부부간에도 서로 내가 원하는 대로 맞춰달라는 기대감이 있어서 어긋나게 되면 다투게 된다. 저 사람은 '원래 나와 다르니 그럴 만하다' 하며 서로 입장을 낮춰 '그러려니' 하면 다툴 일도 없다.

더 나아가 우주의 순환의 원칙을 수용하게 되면 근본적인 고뇌에서 벗어날 수 있다. 여름의 무성한 생명력을 거둬들이고 가을이 오는 것처럼, 늙어가면서 오는 폐경은 막을 수 없다. 태어난 것은 반드시 형체를 여의고 본래로 돌아가게 마련이며 만남이 있으면 이별이 있는 것도 당연한 이치다.

물방울이 바다에 들어가 '나는 본래 바다 자체였구나'를 느꼈을 때, 개체가 없어진 것이 아니고 본래의 전체인 모습을 되찾았다고 느꼈을 때 대자유와 환희가 느껴진다. 바다의 입장에서 보면 물방울로 있었을 때의 삶은 어느 것이나 한 편의 꿈과 같다.

사랑하는 사람과 결혼해서 살아보았다고 하더라도, 그러지 못했다고 하더라도, 돈, 명예, 사랑을 가져보았다 하더라도, 그러지 못하고 외롭고 쓸쓸하게 살았다 하더라도, 바다로 돌아간 입장에서 보면 물방울로 있었을 때의 삶은 좋든 싫든 이미 사라지고 없는 것이니 더 이상 집착할 필요가 없다.

'다만 그럴 뿐', '그러려니' 하면서 우주 순환의 원리를 겸허하게 받아들이는 마음을 가져서 일체의 근심 걱정으로부터 벗어난 대자유의 기쁨을 얻는다면 그 이상의 행복은 없을 것이다.

자신을 객관적으로 들여다보다

똑같은 상황이 주어져도 사람에 따라 반응하는 것은 다르다. 다른 사람, 환경을 어떻게 변화시킬 것인가에서 나를 어떻게 변화시킬 것인가를 생각할 때 우리의 의식은 상승하게 된다. 즉 마인드 UP이 된다. 이를 위해서는 바깥의 일이나 주위 사람에게 초점을 맞추는 것이 아니라 나 자신, 즉 자신의 내면에 초점을 맞추어야 한다.

마인드 UP은 어떤 상황이 되어도 흔들림 없는 내면의 평정을 이루어 원하는 목표를 이룰 수 있도록 자신을 변화시키고 결국 자신이 처한 현실을 변화시키는 교육이다. 어떤 경우에도 흔들림 없는 마음의 평정을 이루기 위해선 우선 자신의 마음을 객관적으로 자각하는 훈련이 필요하다.

객관적이라는 말의 의미는 관찰자가 어떤 대상을 제삼자의 입장에서 관찰하듯이 자신의 내면에서 일어나는 현상을 관찰하는 관점이나 태도를 말한다. 비유하자면 마치 영화관에서 영화를 볼 때 관객의 입장이 되어서 보는 것이라고 할 수 있다. 영화 속 배우와 같이 울고 웃고 두려워하고 슬퍼하고 분노하는 것이 아니라 그런 현상을 묵묵히 또는 담담히 관찰하고 지켜보는 관점이라고 할 수 있다.

자신의 마음을 자각한다는 것은 어렵지만 반드시 거쳐가야 할 길이다. 많은 사람들이 자신의 생각이나 감정을 자각하지 못하고 충동적으로 무의식적으로 생각하고 느끼고 행동하며 살아간다. 자신에게 일어나는 생각과 감정을 자각하지 못할 때 우리는 회피 충동, 집착, 중독의 길에 빠진다. 자신에게 일어나는 마음을 알지 못하면 우리의 삶은 달라질 수 없다.

자신의 마음이 어떻게 움직이는지 그 과정과 패턴을 자명하게 알았을 때 무엇을, 어떻게 바꾸어야 하는지 해답을 얻을 수 있다. 반복된 훈련을 통해서 자각의 힘을 키워나가고자 꾸준히 연습하고 노력해야 한다.

긍정마인드를 계발하자

우리가 살아가는 데 있어서 긍정적 사고의 중요성은 동서고금을 막론하고 강조되어 왔다. 기존의 심리학이 부정적인 심리상태를 해결하는 데 초점을 둔 반면 최근에 대두된 긍정심리학은 단점의 보완보다도 강점을 강화시키는 방식을 통해 스트레스를 줄이고 삶의 행복을 증진시키는 데 매우 효과가 있다고 보고하고 있다.

노스캐롤라이나 대학교의 바바라 프레데릭슨 교수는 긍정성은 사람들의 생각과 마음을 열어줘 보다 수용적이고 창의적으로 만들어줄 뿐만 아니라 이를 통해 새로운 지식, 인맥, 기술을 발견하고 구축하게 해준다고 했다.

성장 마인드 셋Growth Mind Set과 고착 마인드 셋Fixed Mind Set

캐럴 드웩C. Dweck 스탠퍼드대학교 심리학과 교수는 40년간 성공의 비밀을 연구한 결과 '마인드 셋Mind Set' 이론으로 세계적인 명성을 얻었다. 마인드 셋이란 마음가짐을 말하는 것으로 성장 마인드 셋을 가진 사람이 고착 마인드 셋을 가진 사람보다 성공할 확률이 확연히 높다고 한다.

평소 긍정적 감정과 사고가 많이 축적되어 있는 사람은 힘든 일이 다가왔을 때 성장 마인드 셋이 활성화되어 역경을 이기고 발전적이 되는 반면 부정적 감정과 사고가 많이 축적되어 있는 사람은 고착 마인드 셋이 활성화되어 스트레스를 받기 쉬우며 무능감과 우울감에 빠져 발전이 정체된다.

태어날 때부터 부정적이거나 긍정적인 사람은 없다. 긍정도 부정도 습관에서 나온다. 우리가 생각하고 느끼는 방식 역시 습관이다. 그래서 자신에게 다가오는 일을 수용할 수 있도록, 성장 마인드로 바라볼 수 있는 긍정심리훈련이 필요한 이유다.

풍요의 마음을 갖자

현대 사회는 갈수록 경쟁사회가 되어가고 있다. 경쟁 자체는 많은 사람들이 가지고 있는 힘과 능력을 이끌어내어 사회의 향상과 발전에 이바지하는 목표도 있지만 반드시 승패가 따른다. 따라서 개개인의 경우 지나친 경쟁으로 인해 상처를 받거나 좌절감을 느껴 불행하다고 느끼는 측면도 상당하다.

경쟁사회에서는 남의 행복을 바라기보다는 자신의 행복과 상대의 불행을 바라는 마음이 커질 수 있다. "불행하다"라는 마음의 뿌리에는 남과 자신의 비교가 있다. 보이지 않는 데서 남을 비난하고 욕을 하는 것을 종종 겪게 된다. 분명한 점은 남에 대해 험담을 하는 사람은 자신이 행복하지는 않다는 것이다. 왜냐하면 자신의 이상적인 목표를 향해 노력하여 발전됨으로써 행복해지겠다는 관념이 부족하기 때문이다.

그러나 상대의 좋은 부분을 긍정하는 것은 내가 행복해지는 하나의 방법이기도 하다. 상대를 주관적으로 보고 부정할 것이 아니라 상대의 좋은 점을 인정하는 사고방식이 중요하다는 것을 우선 알아야 한다. 상대의 좋은 부분을 인정하는 마음을 가질 수 있다면 그것은 하나의 벽을 넘고 성장했다는 것을 의미한다. 그것은 상대의 좋은 점을 볼 수 있을 만큼 안목이 생기고 마음의 여유가 생겼다는 것이다.

예를 들어 실력이 비슷한 두 명의 직장인이 있다면 한쪽이 좋은 성과를 내거나 승진을 했을 때 자연스러운 감정으로는 "네가 먼저 승진을 하다니 말도 안 돼"라고 하고 싶다.

그러나 풍요의 마음이 가득한 사람이라면 "나도 반드시 성과를 내서 승진할 거야"라고 확신한다. 이런 여유가 있기에 상대가 잘된 것을 보고 진심으로 축하해줄 수 있다. 상대의 행복을 인정하고 축하해줄 수 있는 풍요의 마음을 가질 수 있느냐는 내 삶의 질량이 얼마나 향상되어 가냐를 측정할 수 있는 관문이 될 수 있다.

모두가 나의 스승이다

백초시불모百艸是佛母라는 말이 있다. 백 가지 풀이 부처님의 어머니라는 뜻으로, 어느 것 하나 버릴 것이 없다는 뜻이다. '이것은 옳고 저것은 틀리고'가 아니라 다 가치가 있고, 우주에 있는 일체 만상이 다 부처님의 스승이 될 수 있다는 말이다. 나보다 잘하는 상대를 보고 시기 질투하는 것이 아니라 '상대의 잘하는 모습을 배워야지' 하며 감사하고, 상대의 잘못을 보면 '나는 저렇게 하지 않아야지' 하며 배울 수 있어 감사하다. 내가 고통을 겪는 것도 상대의 고통이 어떠한지 공감하여 사랑과 자비를 배우기 위함이다. 선의 스승도 있고 악의 스승도 있다. 삼라만상 일체가 나를 깨우는 스승이다.

사랑의 원리

개체의 사랑과 전체의 사랑

우리는 누구나 진정한 사랑을 주고받기를 원한다. 그런데 진정한 사랑이 무엇인지 물어보면 대답할 수 있는 사람이 거의 없다. 진정한 사랑이 무엇인지 알지 못하면 그러한 사랑을 할 수 없다.

진정한 사랑은 마음 없이 하는 사랑, 해도 한 바가 없는 사랑이 아닐까? 마음 없이 한다는 게 어떤 뜻일까? 칠판을 지우면 방금 적었던 것이 지워지고 없다.

칠판을 지우면 깨끗해지듯이 우리 마음도 그래야 한다. 다른 사람이 한 것을 지나치게 마음에 넣고 있으면 지저분한 칠판과 같다. 그 사람이 이러고 저러고 했다는 상을 가지고 있으면 사랑이 나오지 않는다. 진정한 사랑은 그 사람에 대한 상이 다 지워졌을 때 깨끗한 칠판 같은 마음이 되었을 때 나온다. 그때는 오른손이 한 일을 왼손이 모르게 한다. 내가 해 놓고도 "했다"라는 상이 남지 않는다.

자연은 우리에게 모든 것을 주고 있지만 주었다는 마음조차 없다. 자연의 입장에서 보면 자연 따로 사람 따로가 아니라 하나이기 때문에 누구에게 준다는 것이 있을 수 없다. 자연은 전체가 하나인 대생명 자체이기에 너와 내가 따로 없다. 주는 자도 자연이요 받는 자도 자연이다. 자연의 사랑은 전체성의 사랑이다.

반면 주는 자와 받는 자를 구분하는 사랑은 상대성의 사랑, 개체의 사랑이다. 나와 상대를 항상 따로 보기 때문에 상대가 인정해주는지 아닌지를 바라게 된다.

특히 선행을 베풀었는데 상대가 감사하지 않을 때 마음이 상한다. 상대성의 사랑은 좋고 나쁨이 있고 행복과 불행이 반드시 같이 온다. 주는 자와 받는 자의 마음이 같지 않기에 항상 채워지지 않는 부분이 있다. 그리고 일이 잘되었을 때 상대에게 공을 돌리는 것이 아니라 나에게 공을 돌리기에 시비하는 마음과 상극이 생긴다.

이제 상대적인 개체의 사랑을 떠나서 자연과 같이 해도 한 바가 없고 주어도 준 바가 없는 전체성의 사랑을 품도록 노력해야겠다.

전체성의 사랑을 어떻게 해야 품을 수 있을까? 나를 빼면 된다. 주는 자도 내가 아니라 자연이 주었다고 생각하고, 받는 자도 상대가 아니라 자연이 받은 것이다.

나 또한 자연 자체요, 상대 또한 자연 자체다. 나를 내세우지 않고 받으려는 마음 없이 했다면 자연에 좋은 에너지로 쌓여 언젠가는 좋은 인과를 일으켜 나에게 돌아온다.

이렇게 모든 공을 전체에게 돌렸을 때 내가 없이 한 것이다. 나 한 사람이 이렇게 있기까지는 우주 전체의 힘이 모여서 그렇게 된 까닭이다.

'모든 사람의 힘이 모여 된 것이지 나는 한 바가 없다.'

이런 전체성의 사랑을 품어갈 때 미움, 원망, 시기와 같은 감정을 초월하여 평정심을 누릴 수 있고 마음이 저절로 스스로 충만해지고 행복해진다.

'내가 한 것은 아무것도 없습니다', '덕분입니다. 감사합니다'를 생활 속에서 늘 사용해보자. 마음이 저절로 가벼워지고 풍요로워져서 활력이 생겨남을 체험할 수 있다.

참사랑이란

"거짓 사랑을 버리십시오."

마인드 UP 교육 때 성찰을 이끌어주시는 원장 선생님으로부터 이 말을 들었을 때 내 마음을 들킨 것 같아 깜짝 놀랐던 기억이 생생하다. 바쁘다는 핑계로 또는 '내가 먼저 성공해야 남을 도울 수 있지' 하는 마음을 앞세워 부모님과 형제 및 주변 사람들에 소홀했던 이기적인 나의 모습이 파노라마처럼 지나가면서 너무나 부끄럽고 죄송했다.

거짓 사랑은 가짐의 사랑, 집착의 사랑이다. 내가 사랑받는다는 것을 중심으로 생각하는 사랑이다. 대개 사람들은 겉으로 정이 많은 듯하지만 내면을 파헤쳐보면 싸늘하다.

자기 마음을 주체하지 못하여 기분에 따라 상대를 끌어안기도 하고 내치기도 한다. 상대를 내 것으로 소유하려 하며 상대를 내가 원하는 대로 조종하고 싶어한다. 무조건 내 편이 되어주기를 바라고 내 뜻에 따라주기를 바란다.

우리는 사랑을 한다고 하지만 가짐의 사랑, 집착의 사랑인 경우가 많다. 내가 사랑해준 만큼 그에 상응하는 감사나 대가가 돌아오지 않으면 실망과 서운함, 미움으로 변한다.

부모가 자녀를 위한다면서 자녀가 원하는 길이 아니라 부모 생각대로 길을 강요하다 보면 서로 원수가 될 수도 있다. 서로 상처를 주고받으면서도 '다 너를 위한 건데 이럴 수가 있느냐'라는 생각에 마음의 눈이 가려져 상대를 아프게 하는지 보이지 않는다.

부부관계도 마찬가지다. 내가 부족한 걸 상대가 채워줄 수 있으리라 생각하고 사랑하고 결혼까지 했지만 상대 또한 부족함이 있기에 나를 다 채워줄 수 없다. 동서고금을 통해 성인들의 말씀은 한결같이 참사랑은 받는 것이 아니라 주는 것이라 말한다.

상대를 향해 상처주는 말을 하는 것은 내 마음을 먼저 상하게 한다. 반면 상대를 축복해주는 말을 할 때는 내 마음을 먼저 좋게 만든다. 전체 자연의 입장에서 보면 우리는 근본이 하나이기 때문에 하나로 연결되어 있다. 나를 사랑하지 않는 자는 상대를 사랑할 수 없는 것이 바로 그 까닭이다.

진정한 사랑은 먼저 자신을 사랑하는 것이다. 자신을 사랑할 때 남을 사랑할 수 있는 힘이 생기고 나와 남이 하나임을 알게 된다. 내가 있어 이 모든 인연이 함께 있고 이 모든 인연이 있기에 내 가치가 있는 것임을 안다면 상대를 위해서 사는 것이 곧 나를 위함이다.

그동안 커플 교육과 가족교육에 오신 많은 분들의 가슴속에 사연은 저마다 다 다르지만 프로그램을 마칠 때에는 '당신의 잘못이 곧 내 잘못'이라고 하며 사랑과 용서, 화합의 길을 걸어가던 모습을 생각해보면 지금도 가슴 끝에 감동이 밀려온다.

강동완

마인드 UP 교육센터 서울 강남점 센터장

대학에서 불문학을 전공하였고 대학원에서 심리학을 공부하였다. 현재 마인드 UP 교육을 안내하고 있다. '어떻게 살아야 후회 없이 바르게 사는 것일까? 끊임없이 변하는 미래에 현명하게 대처하는 길은 무엇일까?'를 고민하였다. 그리고 그것은 바로 자신 안에 있다는 것을 알게 되었다. 마인드 UP 교육은 자신을 들여다보고, 자신을 알고, 자신 앞에 다가오는 모든 것을 공부로 삼고 부족한 부분을 성장시켜 나가는 교육이다. 삶의 갈림길에 서 있을 때 마인드 UP 교육을 통해 해답의 열쇠를 얻었다. 자신을 알면 그 누구도 원망하지 않고 묵묵히 자신의 길을 걸어갈 수 있다. 인생의 수많은 갈림길에 서서 고민하고 갈등하는 사람들에게 마인드 UP 교육을 안내하는 것을 사명으로 여기며 오늘 하루도 감사한 마음으로 시작한다.

지금 행복한 이유는
마음을 키웠기 때문이야

초판 1쇄 인쇄 _ 2018년 10월 10일
초판 1쇄 발행 _ 2018년 10월 20일

지은이 _ 강동완, 김수식, 김진령, 박소현, 안말숙, 임은희

펴낸곳 _ 바이북스
펴낸이 _ 윤옥초
책임편집 _ 김태윤
책임디자인 _ 이민영

ISBN _ 979-11-5877-064-8 03180

등록 _ 2005. 7. 12 | 제 313-2005-000148호

서울시 영등포구 선유로49길 23 아이에스비즈타워2차 1005호
편집 02)333-0812 | 마케팅 02)333-9918 | 팩스 02)333-9960
이메일 postmaster@bybooks.co.kr
홈페이지 www.bybooks.co.kr

책값은 뒤표지에 있습니다.

책으로 아름다운 세상을 만듭니다. — 바이북스